太政官牒　攝津國司
　　應早停止宮内親王家領貳箇處事
一　應免除宇治贈田庄本免田伍段肆拾伍條令勤仕障難催舉
　　右如舊状者、贈田庄本券契云々年十月十日勘考条件伍段肆拾伍條
　　證文年本家文書等勘申先々而令僉代々免
　　判者今本家事文書代々先判五通先日以之　致甲
　　牒者爲狹少之地免田五町之外更無加納之作田分代
　　件成敢不堪収入亲須酌蔵令首従二位行權中納言
　　兼沼領卿等々宮權大夫源朝臣隆後漢下致
　　宜依被仰令所除件庄本免田伍町卌段同伍人寄
　　人拾人臨時雜役者
一　應知舊爲股者、領令從國務字高平庄事
　　次同勤参年中停住國司受領共下文、當任可令
　　申先々而可今、以代々先判者、令本家中文云件
　　有別無公事事、進上文書之外不成免判、以致
　　之詑、宜致年々之勤、如者、可致致之、荷到奉行
　　奉
　　　　　類例如舊為彼家領令従國務者
以前牒事如件、國宜承知依宣行之、荷到奉行
　　　　右大史小…

延久三年六月廿四日

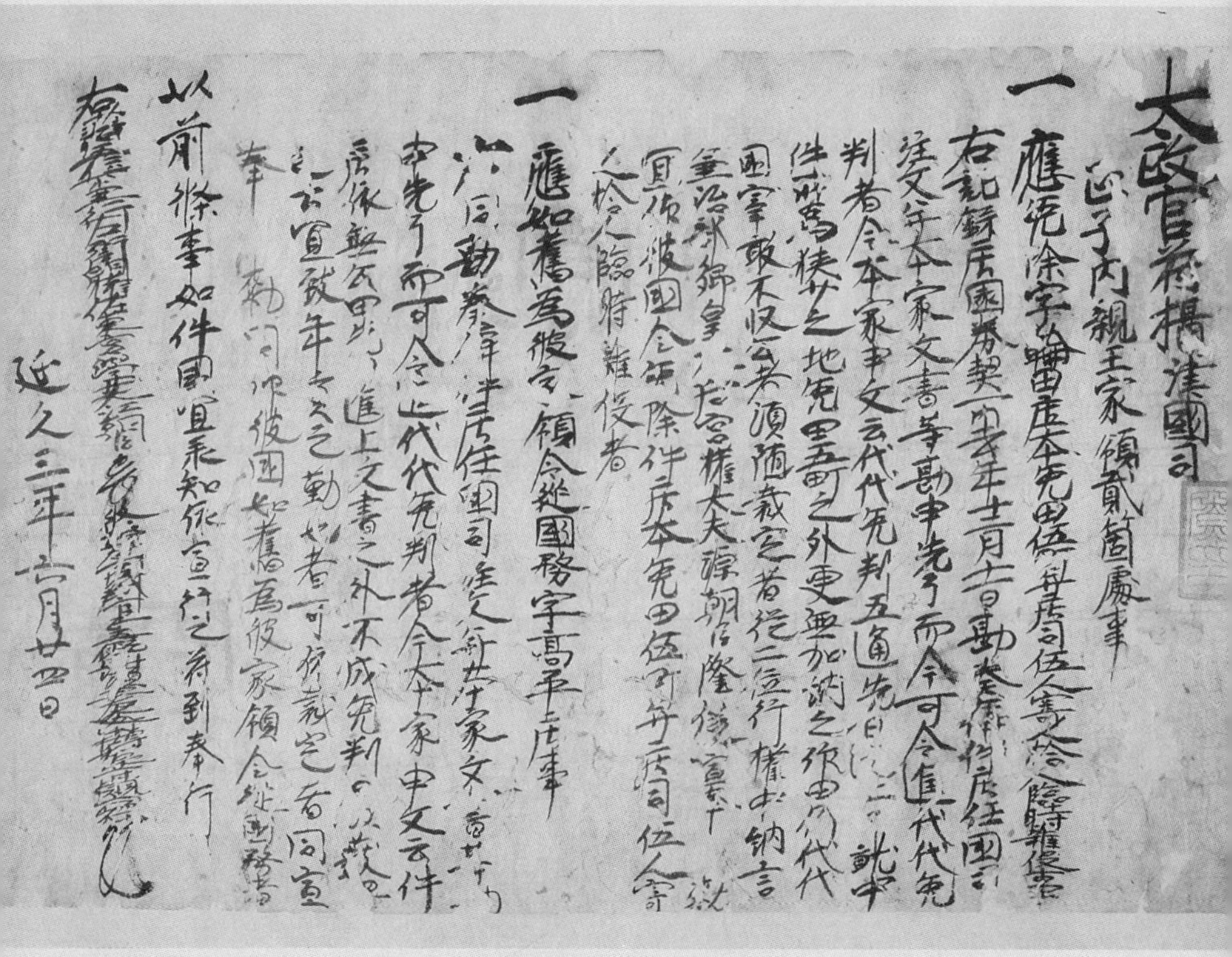

監修者——加藤友康／五味文彦／鈴木淳／高埜利彦

［カバー表写真］
大極殿での御斎会
(『年中行事絵巻』御斎会巻)

［カバー裏写真］
朝儀図
(『朝儀諸次第』)

［扉写真］
記録所勘奏が引用された太政官符
（延久３〈1071〉年６月24日）

日本史リブレット人021

後三条天皇
中世の基礎を築いた君主

Mikawa Kei
美川 圭

目次

時代を画する天皇

即位《そくい》灌頂《かんじょう》という、天皇の即位式の時に行われる密教《みっきょう》的秘儀がある。この儀式が本格的に開始されるのは鎌倉後期の伏見《ふしみ》天皇▲の時からだが、後三条天皇(一〇三四〜七三)がこれをすでに行っていたという記録がある。本来は笏《しゃく》をもって高御座《たかみくら》▲に望むはずの天皇が、それをもたずに、手を結んでいた。それを見ていた側近の大江匡房《おおえのまさふさ》▲には、それが大日如来《だいにちにょらい》の印、つまり「拳印《けんいん》」というものに見えたのだという(『後三条院御即位記』)。

なにしろ、秘密の儀式のことだから、詳細はわからない。実際にそれが即位灌頂そのものであったかについても、意見は分かれている。ただし、重要なのは、大江匡房が後三条の即位に従来の天皇とは違った特別な何かを見いだそう

▼**伏見天皇**　一二六五〜一三一七年。在位一二八七〜九八年。後《ご》深草《ふかくさ》天皇の第二皇子。持明院《じみょういん》統。

▼**高御座**　天皇の即位や朝賀《ちょうが》など、朝廷の重要な儀式の時の天皇の御座で、大極殿《だいごくでん》の中央におかれる。現在の京都御所紫宸殿《ししんでん》にある高御座は、大正天皇即位の時に新造されたもの。

▼**大江匡房**　一〇四一〜一一一一年。大江氏の嫡流として優れた学才をもち、後三条・白河・堀河天皇の東宮学士をつとめ、正二位《しょうにい》権中納言《ごんちゅうなごん》までのぼった。儀式書に『江家次第《ごうけしだい》』、日記に『江記《ごうき》』、筆録集に『江談抄《ごうだんしょう》』がある。

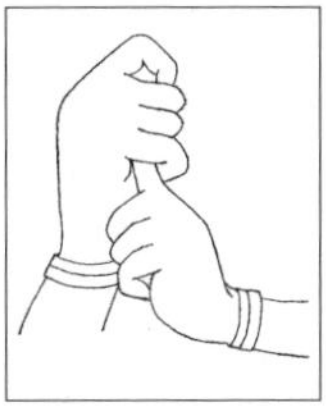

拳印

とし、それを喧伝しようとしていたことであろう。

　鎌倉時代に入ると、『愚管抄《ぐかんしょう》』の著者として有名な天台座主《てんだいざす》慈円《じえん》は、壇《だん》の浦《うら》合戦で三種の神器《じんぎ》のうち宝剣が失われたことと武士の支配権が強まったことを関連づけて憂えた。ただし、一方で宝剣にかわるものとして、大江匡房の記した後三条天皇の「拳印」の記録に思いいたるのである。慈円はこの秘儀が後三条のあと一度も行われてはいないとし、やはり後三条の即位に特別なものを見ようとしている(『慈鎮和尚夢想記《じちんおしょうむそうき》』)。

　『後三条天皇御記《ぎょき》』については、後世「帝王事ハ件御記委見《くだんのぎょきにくわしくみ》タリ」(『中外抄《ちゅうがいしょう》』)といわれ、『後三条年中行事《ねんじゅうぎょうじ》』にも「内ノ御作法、大都年中行事は此記に過ぎざるなり」(『貫首秘抄《かんしゅひしょう》』)と記されている。つまり天皇の儀礼の詳細は『後三条天皇御記』に書かれているし、その儀礼作法もおおよそは『後三条年中行事』に記されているというわけである。後三条のあと即位する子の白河《しらかわ》天皇も『近代禁中作法年中行事』という儀式書を編纂したが、そこで「臣下の礼法は省略し、主上の御作法子細すべき」ものとした。『後三条天皇御記』を年中行事・臨時・神事・仏事に分類して、類聚《るいじゅう》二〇巻をつくらせ、子の堀河《ほりかわ》天皇に贈った。父と

▼**『愚管抄』**　慈円著の歴史書。一二二〇(承久《じょうきゅう》二)年に成立。承久の乱後に増補されたとする説が有力。日本の歴史の展開を「道理」によって叙述する点に特徴があるが、ほかに見えない記述も多く、政治史の史料として重要である。

▼**慈円**　一一五五〜一二二五年。摂関家《せっかんけ》の九条兼実《くじょうかねざね》の弟。延暦寺《えんりゃくじ》青蓮院門跡《しょうれんいんもんぜき》に入り、一二〇三(建仁《けんにん》三)年以後、天台座主に四度就任する。

▼**『後三条天皇御記』**　後三条天皇の日記で「延久御記」ともいわれる。かなり大部のもので、帝王についての詳細な記述があったらしい。だが、現在は『殿暦《でんれき》』『園太暦《えんたいりゃく》』などにわずかな逸文が伝えられているにすぎない。

▼**白河天皇**　一〇五三〜一一二九年。在位一〇七二〜八六年。皇太子尊仁《たかひと》親王(後三条天皇)の第一王子。母は藤原公成《ふじわらのきんなり》の女《むすめ》茂子《もし》。

は政治方針を異にするところが多かった白河だが、天皇の作法などについては、父の記録をたいへん重視していたのである。こうして、宮廷行事における天皇の主導権が確立したのである。

匡房は、後三条の東宮《とうぐう》時代の最後の一年間、東宮学士、つまり学問の師として仕えた。即位と同時に五位蔵人《ごいくろうど》、翌年には右少弁《うしょうべん》をかねる。五位蔵人は天皇側近の中枢、弁官は太政官《だいじょうかん》の事務局という実務の要職である。しかも弁官となったのは、大江氏としては九世紀の音人《おとんど》(八一一〜八七七)、十世紀の斉光《ただみつ》(九三四〜九八七)以来のことであるという。

また後三条親政の政策の目玉である荘園《しょうえん》整理令が出ると、まず弁官としてその実務を担い、記録荘園券契所《けんけいじょ》(記録所《きろくじょ》)ができると、その弁として文書審理などの実務を取り仕切ったと考えられる。実際に、記録所の勘奏《かんそう》(意見書)に基づく裁定を施行した太政官符《かんぷ》▲や官牒《かんちょう》▲という公文書には、すべて右少弁大江匡房の署名がある(扉写真参照)。

のちに匡房は「才智は人に過ぎ、文章は他に勝る。誠に是れ天下の明鏡なり」(『中右記《ちゅうゆうき》』天永《てんえい》二〈一一一一〉年十一月五日条)と絶賛された。弱冠二九歳の碩学は、

はじめて本格的に院政《いんせい》を行った。

▼**堀河天皇**　一〇七九〜一一〇七年。在位一〇八六〜一一〇七年。白河天皇の第二皇子。母は藤原師実《もろざね》の養女賢子《けんし》(実父は源顕房《みなもとのあきふさ》)。「末代ノ賢王」とたたえられ、和歌管絃の道にも通じていた。院政の確立をめざす父と衝突することもあった。

▼**太政官符**　符とは上下関係のある役所のあいだで、上の役所から下の役所にくだす文書。太政官が出す符がこれで、弁官局が作成した。在京官司《かんし》にくだすものには、外印《がいいん》(太政官印)が捺され、地方官司にくだすものには内印《ないいん》(天皇御《ぎょ》璽《じ》)が捺されて発給されることになっていた。

▼**太政官牒**　牒とはおもに官制上、上下関係の明らかでない役所のあいだに用いられる文書。太政官が出す牒がこれで、弁官局が作成した。外印が捺された。

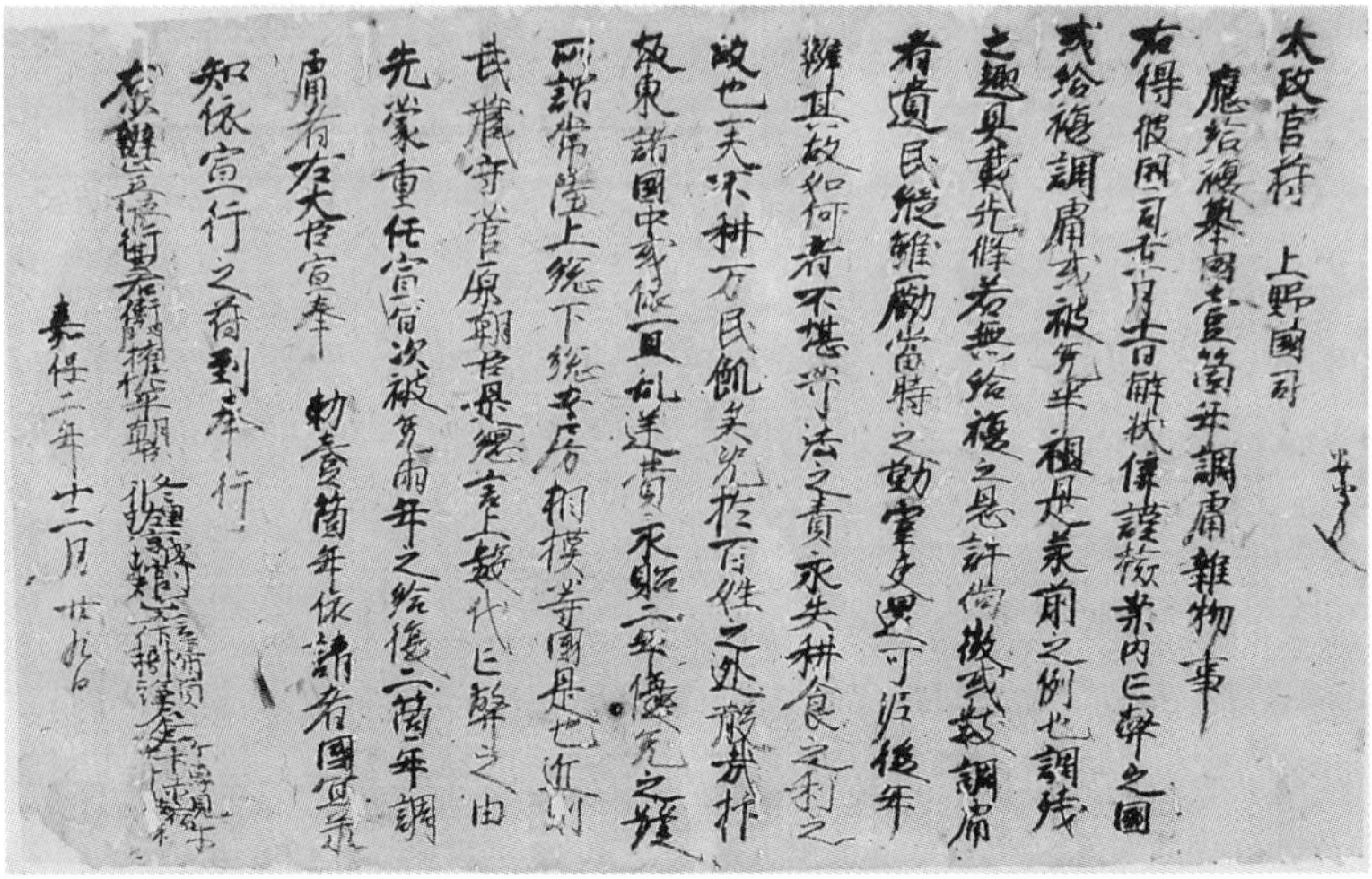

嘉保２(1095)年12月29日太政官符(東大寺文書)

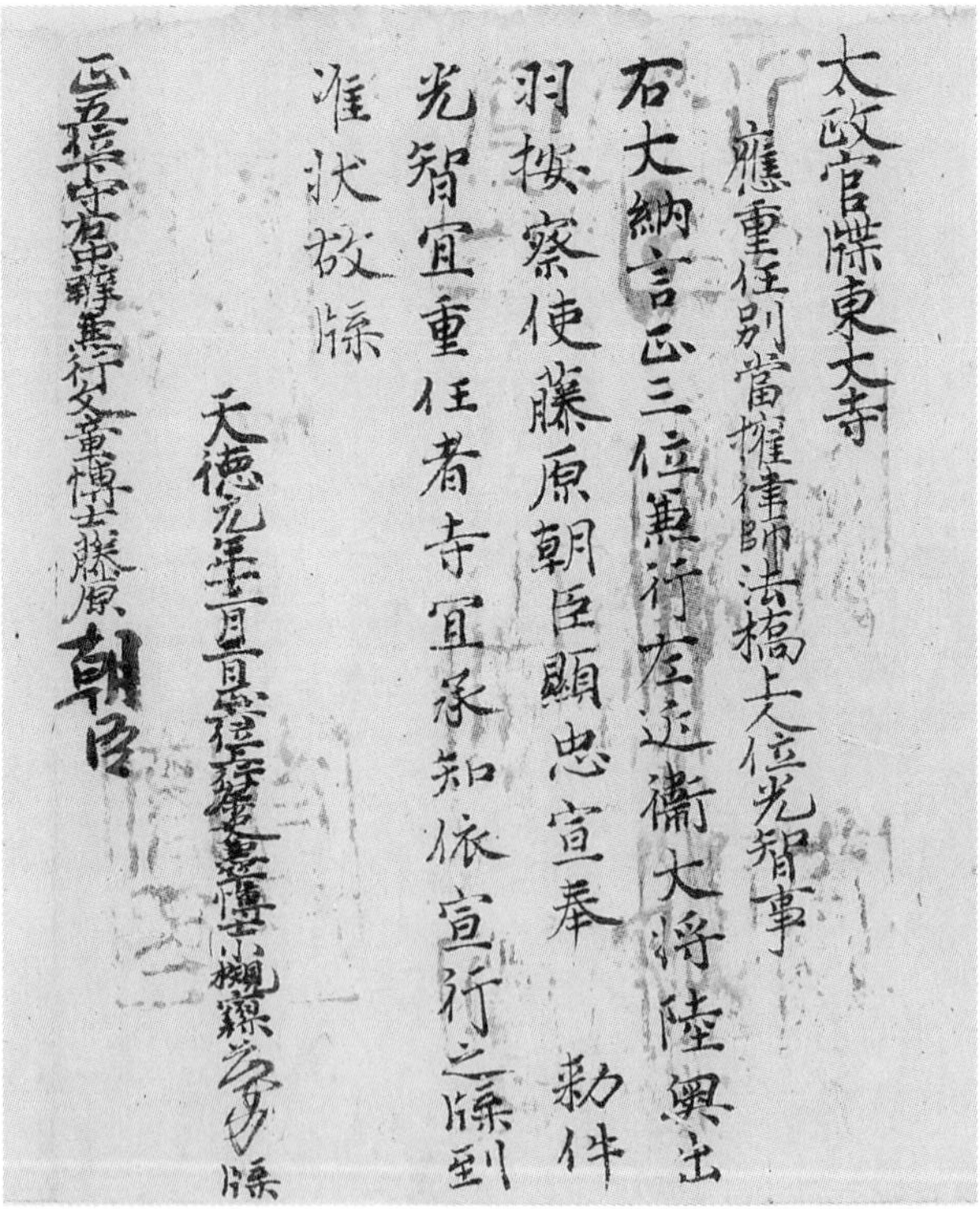

天徳元(957)年12月２日太政官牒(東南院文書)

その恐るべき博覧強記をもって、時の政治の基礎を支えた。のちに、保元新《ほうげんしん》制《せい》▲の発布や記録所の再興を推進した後白河《ごしらかわ》天皇の側近、信西《しんぜい》▲のごとく、後三条親政の清新な政策を事実上動かしたのは、この若き匡房なのであろう。

▼**保元新制**　保元年間（一一五六〜五九）に後白河天皇が発した一連の公家《くげ》新制。保元元（一一五六）年閏《うるう》九月十八日の全七条が有名で、王土《おうど》思想に基づく荘園整理、神人《じにん》・悪僧《あくそう》の濫行《らんぎょう》禁止、寺社統制などの内容をもつ。ほかに保元二（一一五七）年十月八日に三五条、同三（一一五八）年六月二十六日にも発せられたことがわかっている。

▼**信西**　一一〇六〜五九年。藤原通憲《みちのり》の法名。藤原実兼《さねかね》の子。当代随一の学者で、妻が後白河天皇の乳母《めのと》であったため、保元の乱後の新制発布、記録所設置、大内裏《だいだいり》再興などを主導した。藤原信頼《のぶより》や源義朝《よしとも》と対立し、平治《へいじ》の乱《らん》で敗死した。

①―後三条天皇の即位

母の誕生をめぐって

後三条天皇が生まれたのは、一〇三四(長元《ちょうげん》七)年七月十八日のことである。父は東宮敦良親王《とうぐうあつながしんのう》(後朱雀《ごすざく》天皇▲)、母は三条《さんじょう》天皇の皇女禎子内親王《ていしないしんのう》(陽明門院《ようめいもんいん》▲)、異母兄にはのちに後冷泉《ごれいぜい》天皇として即位する親仁《ちかひと》がいた。生まれた時の天皇は伯父の後一条《ごいちじょう》であったが、二年後に二九歳の若さで亡くなり、二八歳の父が即位することになる。

当時の関白《かんぱく》は三十代の壮年、藤原頼通《ふじわらのよりみち》▲である。頼通は、一〇一七(寛仁《かんにん》元)年に父道長《みちなが》の譲りで後一条天皇の摂政《せっしょう》となり、以後切れ目なく摂政・関白の地位にあった。摂関《せっかん》政治の全盛期を築いた道長は、一〇二七(万寿《まんじゅ》四)年にこの世を去っていたが、いまだ摂関中心の政治は衰えをみせなかった。後三条天皇もこうした宮廷の中心で育つわけだが、母の家系をめぐる問題が、しだいにその人生に大きな陰を落としていくことになる。

後三条天皇の母方の祖父である三条天皇は、一〇一一(寛弘《かんこう》八)年六月に亡く

▼**後朱雀天皇**　一〇〇九～四五年。在位一〇三六～四五年。一条天皇の第三皇子。母は藤原道長の女彰子。一〇一七(寛仁元)年、敦明親王の皇太子辞退により、後一条天皇の皇太子となった。道長の女嬉子所生の子に後冷泉天皇、禎子内親王所生の子に後三条天皇がある。

▼**陽明門院**　一〇一三～九四年。三条天皇第三皇女禎子内親王。母は藤原道長の女妍子。東宮敦良親王の妃。敦良が後朱雀天皇として即位すると中宮、皇后となる。一〇三四(長元七)年に尊仁親王(後三条天皇)を生む。藤原頼通と対立し、政界に大きな発言力を有した。

▼**藤原頼通**　九九二～一〇七四年。藤原道長の一男。母は源雅信《まさのぶ》女倫子《りんし》。後一条天皇の在位二年目、父から摂政を譲られた。以後、後一条・後朱雀・後冷泉の三代五一年にわたって摂政・関白をつとめ

た。しかし、後朱雀・後冷泉に入れた女に皇子の誕生をみなかった。後三条天皇が即位すると、関白を弟の教通に譲り宇治《うじ》に隠退した。

▼**一条天皇**　九八〇〜一〇一一年。在位九八六〜一〇一一年。円融天皇の第一皇子。母は藤原兼家の女詮子。従兄にあたる花山天皇の出家事件により、七歳で践祚する。外祖父の兼家が摂政となる。藤原道長の女彰子が中宮となり、敦成親王(後一条天皇)、敦良親王(後朱雀天皇)が生まれて、道長の全盛期となる。

▼**内覧**　天皇に奏上、あるいは宣下する文書を内見する行為、転じて職名ともなる。関白は必ずこの職掌を有するが、さまざまな理由で関白に就任しなかった人物が、内覧の宣旨《せんじ》をこうむることがある。そのことから、関白と同等、あるいは準ずる重職とみなされるようになる。

なった従兄弟の一条《いちじょう》天皇▲の後を継いで、三六歳で即位した。一条天皇は円融《えんゆう》天皇の、三条天皇は冷泉《れいぜい》天皇の皇子であるが、一条天皇の母は道長の姉詮子《せんし》、三条天皇の母も同じく道長の姉超子《ちょうし》であるから、血縁関係としては大差ない。道長も、引き続いて内覧《ないらん》▲左大臣《さだいじん》という准《じゅん》関白の地位に就いた。

しかし、一条天皇の時とは異なり、三条天皇と道長との関係はよくなかった。土田直鎮は、その理由の一つとして、一条生母の詮子が一〇〇一(長保《ちょうほ》三)年に亡くなるまで、いつも道長と親しい関係であったのに対し、三条生母の超子は道長と年齢が離れ、九八二(天元《てんげん》五)年に急死しており、親しみが薄かったのではないかと推定している。

三条天皇には、東宮時代に数人の配偶者があったが、その一人が道長の二女妍子《けんし》であり、もう一人が故大納言《だいなごん》藤原済時《なりとき》の女《むすめ》娍子《せいし》であった。二人は即位直後、ともに女御《にょうご》の地位にのぼったが、一方は道長の娘で、他方は大納言、しかも故人の娘であるから、最初から立場が大きく異なる。一〇一二(長和《ちょうわ》元)年、亡き一条天皇の中宮《ちゅうぐう》であった彰子《しょうし》が皇太后《こうたいごう》となり、妍子が中宮となった。一方、妍子にはまだ子がなかったのに対し、娍子にはすでに敦明《あつあきら》親王ら六人の皇子・

皇女があった。

こうしたなかで、三条天皇の意志によって、妍子が中宮となった約二カ月後に娍子を皇后に立てることになった。中宮と皇后はともに正妻であって、その序列は制度上、明確ではない。しかもこのような中宮と皇后の併存という例は、一条天皇の時の定子《ていし》と彰子に始まる。定子の兄は道長の甥の伊周《これちか》であり、道長の政敵であった。彰子は道長の女であったから、結局これは道長による伊周追い落としにつながったという苦い例でもある。こうして、妍子と娍子という二人の立后《りっこう》は、道長と三条天皇との対立をさらに深める結果となった。

とくに、道長は娍子立后の日に、東三条殿《ひがしさんじょうどの》▲にさがっていた妍子の参内《さんだい》の儀をあててきたため、多くの公卿《くぎょう》たちが道長を憚って妍子のいる東三条殿に向かうことになった。案の定、立后のために参内した公卿は、わずかに四人。『小《しょう》右記《ゆうき》』▲の著者で道長に批判的な大納言藤原実資《さねすけ》▲、その兄の参議《さんぎ》懐平《かねひら》、伊周の弟の中納言隆家《たかいえ》、そして娍子の兄参議通任《みちとお》という寂しさであった。しかも、警固のための六衛府《ろくえふ》の次将は一人も参入せず、娍子の在所である為任《ためとう》宅にも侍従《じじゅう》・殿上人《てんじょうびと》は誰も来なかった。立后の儀に際して内裏からたてまつられるはずの

▼**東三条殿**　平安京左京三条三坊一・二町にあった摂関家邸。藤原良房《よしふさ》によって創建され、しだいに摂関家嫡流に伝えられることになった。院政《いんせい》期になると、摂関家にとってとくに重要な儀式に用いられるようになり、藤氏《とうし》長者《ちょうじゃ》の地位を象徴する邸宅とみなされるようになる。

▼**『小右記』**　右大臣藤原実資の日記。現存するのは九八二～一〇三二(天元五～長元五)年の記事。藤原道長の台頭から死去、その後の頼通の時代を詳細に記述した第一級史料。刊本として『大日本古記録』一一冊に収載されている。

▼**藤原実資**　九五七〜一〇四六年。右大臣従一位《じゅいちい》。右衛門督《うえもんのすけ》藤原斉敏《ただとし》の三男だが、摂政藤原実頼の養子となり、小野宮《おののみや》流を継承した。「賢人右府《けんじんうふ》」といわれ、有職故《ゆうそくこ》実《じつ》の識見は高く評価された。日記『小右記』を記したほか、故実書『小野宮年中行事』をまとめた。藤原道長に迎合しなかったことでも知られる。

後三条天皇関係略系図

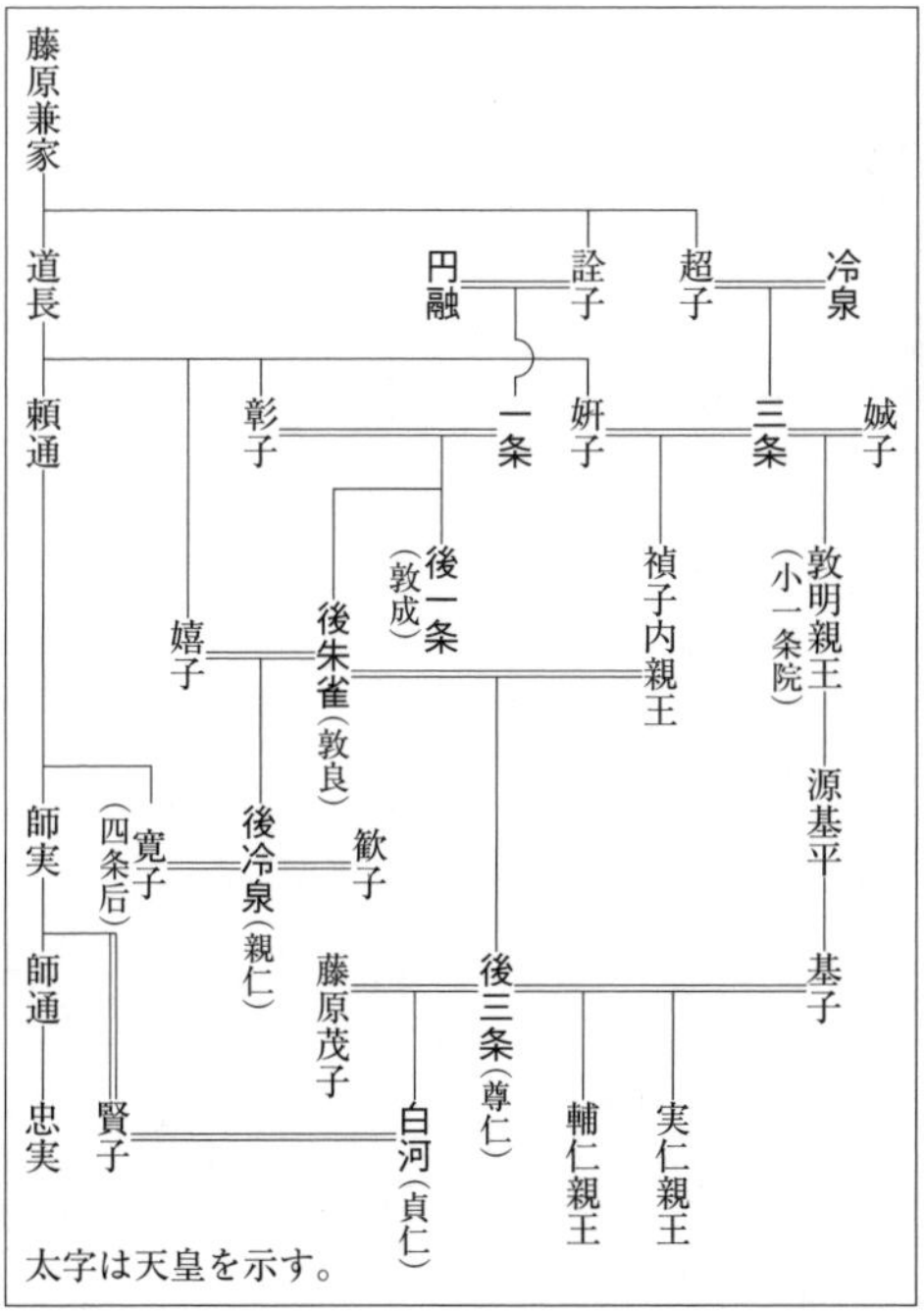

大床子《だいしょうじ》▲や獅子形《ししがた》▲などの調度も、道長の妨害で届かなかったため、娍子のほうでつくることになった(『小右記』寛弘九〈一〇一二〉年四月二十七日条)。

そしてこの年の十月、妍子の懐妊が判明する。この事実は三条天皇にとっても、道長にとっても嬉しい出来事であった。一気に対立に向かうと思われた両者の関係は、皇子誕生を期待して、しばし融和する。だが、明くる一〇一三(長和二)年に生まれてきたのは、女子であった。これが、のちに禎子と名付けられ、後朱雀天皇(敦良)の中宮となり、後三条天皇(尊仁《たかひと》)を産んで陽明門院となる女性である。

道長は女子の誕生を喜んでいないことを露わにしたという(『小右記』長和二年七月七日条)。一条天皇も三条天皇も外甥であり、道長は外戚《がいせき》ではある。だが、この時点ではまだ外祖父にはなれていない。三条との対立の要因はそこにもある。女の彰子が産んだ一条天皇の皇子では、敦成《あつひら》が六歳で東宮となっており、敦良が五歳である。三条天皇のあとには、順調にいけば敦成が即位することになるから、道長は外祖父になれるはずである。しかし、幼児の成長には多くの困難のともなう時代である。何が起こるかわからない。スペアは三条の皇統に

▼**大床子**　清涼殿《せいりょうでん》に設けられた脚のついた台。天皇は昼御座《ひのおまし》から移動してこれに着座し、台盤《だいばん》を用いて正式の食事をした。立后の時、御帳台《みちょうだい》の前にしつらえられる。

▼**獅子形**　天皇や皇后などの御帳台の前におかれた獅子の形をした二つの重石。左の写真は現在のもので、獅子と狛犬《こまいぬ》である。なお獅子が二つという説もある。立后の時、これも御帳台の前にしつらえられる。

御帳台と獅子形（京都御所）

も用意しておきたいのである。三条とはそりがあわないとはいえ、外孫の皇子ならば将来の「使い道」が十分にある。即位させればみずからの天皇外祖父への道がさらに一つ開く。こうして、道長には男子誕生の期待が高まっていたのであろう。ところが、女子の内親王では、道長にとってあまり「使い道」がないのである。

冷徹な道長にとっては、当面それでよかったのかもしれない。自分が産まれたことが、祖父道長にまったく喜ばれなかったという事実の記録。それは禎子の心に深い傷を残したに相違ない。この記録はのちの歴史に、意外に大きな影響をあたえていくことになったのではあるまいか。

三条天皇の譲位をめぐって

一〇一四（長和三）年になると、三条と道長の関係は悪化の一途をたどった。そのようすを『小右記』にみてみると、次のようになる。二月、内裏《だいり》が焼亡する。一〇〇五（寛弘二）年に焼けて、翌年に再建された内裏であったが、ふたたび焼けてしまったのである。その後、三条の眼病が発症したようで、三月には大《おお》宿直《とのい》・内蔵寮《くらりょう》不動倉《ふどうそう》・掃部寮《かもんりょう》などが焼亡して、累代の宝物などが焼けてしまった。この直後の三月十四日、道長と大納言道綱《みちつな》が相並んで「天道《てんどう》が主上《しゅじょう》を責め奉っている」と奏上《そうじょう》した。つまり、暗に三条の退位を要請したのである。天皇の眼病も内裏の焼亡も、ともに天道つまり神の意志であるというのである。退位を求める道長自身の意志は、神の意志によって正当化されている。

その後も、道長の圧迫はねちねちと続いた。まず、三月二十二日、藤原実資の子資平《すけひら》の蔵人頭《くろうどのとう》就任を拒絶し、源道雅《みなもとのみちまさ》や藤原兼綱《かねつな》を推した。それを、三条が却《しりぞ》けると、こんどは、藤原経通《つねみち》を暗に推した。このように、天皇の秘書官長である蔵人頭の人事にあからさまに介入したのである。そしてついに、二十五日になると、道長は三条の譲位を要求する。三条はこれに対し、はなはだたえがたいと答えている。

一〇一五(長和四)年に入ると、天皇の眼病悪化によって、政務・儀式に具体的な支障が生じてきた。官奏《かんそう》をみることができなくなってきたのである。官奏とは、太政官《だいじょうかん》が奏上した諸国の国政関係文書について、天皇が裁許する政務である。この時期になると、政務としては形式化しつつあったが、逆に叙位《じょい》・

除目《じもく》▲とともに、天皇大権を体現する儀式としての重要性を増していた。三条はその代行を道長に求めたが、それを拒絶された。そして「国司《こくし》らの愁吟」を理由に、道長は政務の遅滞を攻撃するありさまであった。

摂関期の天皇は、外戚などのきわめて限られたミウチによってその権力を支えられていた。院政期の院のような頼りになる近臣《きんしん》がほとんどいないのである。そのため三条天皇のように、ミウチの道長との関係が破綻すると、ほかに有力な外戚も近臣も存在しないため、その権力も権威も喪失し、このように露骨に退位を迫られる結果となる。

道長は、三条と娍子とのあいだの敦明・敦儀《あつのり》・敦平《あつひら》・師明《もろあきら》らは、いずれも東宮の器ではなく、あくまでも次期東宮として一条天皇の皇子、つまり敦成(後一条)の弟である敦良を推していた。東宮敦成への譲位もやむなしと悟った三条は、ここで条件闘争を試みる。三条天皇は、新東宮を敦良とするのならば、簡単には譲位しないというのである。すなわち、みずからの皇子敦明を次期東宮とすることを、道長に確約させようという作戦で、譲位を迫り続ける道長に対する、三条のぎりぎりの抵抗である。

▼**叙位・除目**　叙位とは位階《いかい》を授けること。平安時代には五位以上の場合、正月五日に会議が行われ、七日の白馬節会《あおうまのせちえ》で位記《いき》が授けられた。除目とは官職に任命すること、その儀式のこと。地方官を任命する外官《げかん》(県召《あがためし》)除目、京官《きょうかん》中心の京官(司召《つかさめし》)除目が代表的である。ほかに、臨時除目(小除目)、立坊・立后にともなう坊官《ぼうかん》除目、女官《にょかん》を任ずる女官除目などもある。

さらに、十月十五日には、三条天皇が一三歳の女禔子《しし》内親王を、道長の長子頼通に降嫁《こうか》させようという提案をする。頼通にはなかなか子を産んでくれない隆姫《たかひめ》という妻がいた。隆姫は村上《むらかみ》天皇の皇子具平《ともひら》親王の女である。十月二十七日には、道長に准《じゅん》摂政の宣旨《せんじ》がくだされ、除目・官奏・一上《いちのかみ》▲のことが委任されることになった。三条天皇は眼病が重いので、幼帝並みに政務をとれないということである。これは三条天皇側から提案されたわけで、病気による政務の停滞を避け、譲位の引き延ばしをはかる計略であったようだ。しかし、ついに十一月五日、天皇は道長に来春譲位の意向を伝えることになる。

十一月十七日、主殿寮《とのもりょう》内侍所《ないしどころ》から発した火が西北風にあおられて、一気に内裏が焼け落ちた。火のまわりの早さに、三条天皇もあわてて逃げ、娍子は子の敦明と同じ牛車《ぎっしゃ》に乗って内裏をあとにした。東宮敦成も太政官朝所《あいたんどころ》に逃げた。『御堂《みどう》関白記』▲によると道長は敦成を必死にさがしていたが、玄輝門《げんきもん》の下で出会えて、ほっとしている。そして『小右記』によると、道長はこの内裏焼亡を理由に、三条天皇に譲位を急ぐように一層、責め立てた。

前年二月に焼けた内裏が再建され、この年の九月二十日に還御《かんぎょ》したばかりの

▼一上　第一の上卿《しょうけい》のこと。普通は左大臣のこと。太政官の職務を筆頭公卿として奉行する。左大臣が関白をかねるときは、右大臣がその職務を担う。

▼『御堂関白記』　藤原道長の日記。記事は九九八〜一〇二一(長《ちょう》徳《とく》四〜治安《じあん》元)年におよぶ。具注《ぐちゅう》暦《れき》に書き込まれた自筆本が一四巻、平安後期の古写本が一二巻、陽明文庫に現存する。いずれも国宝に指定されている。『陽明叢書』に自筆本・古写本の影印《えいいん》、刊本として『大日本古記録』に収載されている。

三条天皇にとって、みずからの権威のなさを象徴するように、また内裏が焼けてしまった。十二月十三日、禔子の降嫁は中止され、十五日に明くる正月の譲位が決まった。道長は新東宮を敦明とすることに難色を示すが、これについては天皇が押しきった。道長のごり押しによる、意にそわない譲位、内裏のたび重なる焼亡は、政界に深い傷跡を残すことになる。

敦明親王の失脚

明けて一〇一六(長和五)年正月、三条天皇は一条天皇の皇子敦成親王に譲位した。これが後一条天皇▲である。東宮には三条の皇子敦明親王が立ち、新天皇の摂政に外祖父道長が就任する。道長は今まで関白にも摂政にもなっていなかったので、はじめての正式の摂関就任ということになる。関白はともかく、摂政は天皇の代行者であるので、この頃には外祖父しかなれないという慣例が成立していたと考えられる。三条天皇のもとで、准摂政として除目・官奏・一上という事実上の摂政の職務を行っていたとはいえ、道長にとって天皇の外祖父となったことは大きな前進であった。

▼**後一条天皇**　一〇〇八〜三六年。在位一〇一六〜三六年。一条天皇の第二皇子。母は藤原道長の女彰子。即位すると外祖父道長が摂政となる。即位当初は三条天皇の皇子敦明親王を皇太子としたが、一〇一七(寛仁元)年に敦明親王が辞退したため、同母弟敦良親王(後朱雀天皇)を皇太子とした。

さて、新帝が九歳であるのに対し、新東宮敦明は二三歳であった。こうなると、後一条天皇が早世するか、譲位するかということがないかぎり、敦明に即位の望みはないことになる。道長とその嫡男頼通が存在するかぎり、後一条から敦明への譲位は無理というものだろう。とはいえ、後一条天皇が早世することは、ありうる。道長からすれば、その事態に備えるために、後一条の同母で一歳年下の弟敦良が重要ということになる。早く、敦明にかえて、敦良を東宮の座に就かせたいというのが本音であろう。譲位して上皇《じょうこう》となった三条からすれば、みずからの命が続くかぎり、それを阻止しなければならない。そうしないと、みずからの子孫は半永久的に天皇の地位に即けなくなる。

道長は一〇一七(寛仁元)年三月、摂政就任後わずか一年ほどで、その地位を内《ない》大臣に昇進したばかりの二六歳の頼通に譲る。摂政の地位が生前、嫡男に譲られるのははじめてのことであり、二六歳の摂政も例のないことであった。伊《これ》尹《ただ》死後の兼通《かねみち》・兼家《かねいえ》兄弟、兼家死後の道隆《みちたか》・道兼《みちかね》兄弟、さらに道兼死後のみずからと甥の伊周と、道長は摂関をめぐっての一族の内紛を目の当りにしてきた。道長としては、それを避けたいというのが最大の理由であろう。

『御堂関白記』によると、眼病であった三条上皇が、にわかに蔓延した疫病に襲われたのは四月の後半だったらしい。四月二十九日に臨終出家をとげた上皇が亡くなったのは、五月九日のことである。東宮敦明は最大の庇護者をあっけなく失った。この三カ月後の八月七日、敦明はみずから東宮の地位を辞退し、晴れて亡き一条天皇の皇子敦良がその地位におさまる。敦良は道長の女彰子が産んだ後一条天皇の同母弟である。こうして、道長は外孫を即位させるのに加えて、東宮も外孫とするにいたり、盤石な体制を築いた。ますます道長の権力が摂関という地位よりも、天皇の外祖父であることによることが明白となる。

道長は東宮をみずから退いた敦明に厚遇をもって接した。八月にあたえられた「小一条院《こいちじょういん》」という院号は、太上《だいじょう》天皇に準ずる待遇を意味したし、道長の女寛子《かんし》が親王妃として入った。こうして小一条院敦明親王は、道長の婿となった。平穏な後半生が保証されたとはいえ、それは摂関政治における天皇と東宮の「敗北」以外のなにものでもなかった。三条と敦明はこの時期の宮廷社会で孤立し、あえなく政治的に敗れたのである。

摂関家は後三条の外戚か

　異母兄の敦明親王が東宮の座を追われた時、後三条天皇を産むことになる禎子内親王はわずか五歳であった。祖父の道長に出生時男子でないと、落胆された彼女は、父三条天皇と兄敦明の悲運を深く胸にきざみつけながら、その多感な成長期を送ることになる。

　宇《う》多《だ》天皇▲以来一七〇年ぶりに、藤原氏を外戚としない天皇として即位したのが、後三条天皇であるというのが、一般的な理解である。宇多天皇の母は、桓《かん》武《む》天皇の孫班子《はんし》女王であった。次の醍醐《だいご》天皇▲の母は、内大臣藤原高藤《たかふじ》の女胤子《いんし》である。高藤の伯父良房《よしふさ》の養子となり、そのあとを継いだ従兄弟の基経《もとつね》▲の流れが、摂関家となっていく。

　その後の天皇では、まず朱雀《すざく》▲・村上《むらかみ》▲両天皇の母が、基経の女穏子《おんし》であった。冷泉《れいぜい》▲・円融《えんゆう》▲両天皇の母は、師輔《もろすけ》(基経孫・忠平《ただひら》子)の女安子《あんし》、花山《かざん》天皇▲の母は、伊尹(師輔子)の女懐子《かいし》。そして一条天皇の母が、兼家(師輔子)の女詮子、三条天皇の母が、兼家の女超子である。すでに述べたように後一条・後朱雀両天皇の母は、道長(兼家子)の女彰子で、後冷泉天皇の母が道長の女嬉子《きし》ということ

▼宇多天皇　七〇ページ参照。

▼醍醐天皇　二五ページ参照。

▼藤原基経　八三六〜八九一年。父は藤原長良《ながよし》だが、叔父良房の養子となる。八七二(貞観《じょうがん》十四)年に右大臣となり、陽成《ようぜい》天皇即位とともに摂政に就任する。光孝天皇が即位すると事実上の関白の職務を行使することになり、宇多天皇は関白の詔《みことのり》をくだした。しかし、その際にその権限をめぐって阿衡事件が起き、天皇と対立した。

▼朱雀天皇　九二三〜九五二年。在位九三〇〜九四六年。醍醐天皇第十一皇子。母は藤原基経の女穏子。在位中は藤原忠平《ただひら》が摂政・関白となる。皇子にめぐまれず、皇太子には同母弟成明親王(村上天皇)を立てた。在位中は天災や疫病がしばしば起こり、平将門《たいらのまさかど》の乱、藤原純友《すみとも》の乱も起きた。

▼村上天皇　九二六〜九六七年。在位九四六〜九六七年。醍醐天皇

になる。

　これに対して、河内祥輔は、通説が後三条の生母である禎子内親王が皇女であることを強調しすぎていると批判する。禎子の母は道長の女妍子、つまり禎子は道長の孫なのだから、朱雀～後冷泉と大差がないのであり、摂関家はいぜんとして後三条天皇の外戚なのだと主張するのである。後三条の父方、母方いずれをどこまでさかのぼっても、醍醐天皇までは摂関家の血筋から抜け出ることができないという。

　外戚については、生母の父である外祖父、あるいは生母の兄弟である外伯叔父に限定する土田直鎮の定義が有力である。もちろん、土田の定義は、あくまでも辞書項目の説明であり、詳しい論証があるわけではない。河内はこの一般的な「外戚」の定義を広げようとしているのである。だから、通説ではない、あるいは土田説と異なるといって、最初から河内説を排除することは、学問的に正しい態度ではないだろう。ここでは東宮時代の後三条、つまり尊仁親王の政治的立場を掘り下げて考えるべきである。


第十四皇子。母は藤原基経の女穏子。前代、朱雀天皇の時からの関白忠平が死去したのちは、摂関をおかずに治世を行った。後世、醍醐天皇の治世とあわせて「延喜《えんぎ》・天暦《てんりゃく》の聖代」と呼ばれた。

▼冷泉天皇　九五〇～一〇一一年。在位九六七～九六九年。村上天皇第二皇子。母は藤原師輔の女安子。藤原元方《もとかた》の女所生の兄広平《ひろひら》を越えて皇太子となり、即位した。幼少時より異常な行動が多く、元方の祟りといわれた。

▼円融天皇　六六ページ参照。

▼花山天皇　九六八～一〇〇八年。在位九八四～九八六年。冷泉天皇の第一皇子。母は藤原伊尹の女懐子。外孫の皇太子懐仁《やすひと》親王（一条天皇）を即位させようとする藤原兼家《かねいえ》の陰謀によって、出家させられる。出家後も色好みの名をほしいままにし、藤原伊周に矢を射かけられる事件が起きた。

東宮尊仁親王の立場

異母兄、後冷泉天皇▲の践祚《せんそ》▲とともに、尊仁親王が皇太弟《こうたいてい》として東宮となったのは一〇四五(寛徳《かんとく》二)年正月のことである。この時、すでに禎子の母方の祖父道長はこの世になく、道長の嫡子頼通が前代に引き続いて関白の地位に就いた。頼通は一〇一七(寛仁元)年に道長から後一条天皇の摂政を譲られてから、すでに二八年間も摂関の地位にあった。

頼通は二〇歳前後で娶った具平《ともひら》親王(村上皇子)女隆姫とのあいだに、なかなか子女が生まれなかった。一〇二五(万寿二)年、右兵衛督《うひょうえのかみ》源憲定《のりさだ》の女とのあいだに、やっと男子が誕生した。時に頼通三四歳。嫡孫誕生を喜んだ父道長も、二年後の一〇二七(万寿四)年に亡くなる。頼通はこれ以降、この嫡子通房《みちふさ》の昇進に尽力し、一〇四二(長久三)年わずか一八歳で権《ごん》大納言に任官させる。頼通自身の権大納言任官は、二二歳であったから、かなり早い出世である。これは頼通の異母弟の頼宗《よりむね》▲・能信《よしのぶ》▲・長家《ながいえ》▲にならぶ地位であった。

ところが、この通房が一〇四四(寛徳元)年に二〇歳で夭折してしまう。このために、わずか四歳の師実《もろざね》▲を後継者にせざるをえなかったのである。すでに述

▼**後冷泉天皇**　一〇二五～六八年。在位一〇四五～六八年。東宮敦良親王(後朱雀天皇)第一王子。母は藤原道長の女嬉子。

▼**践祚**　天皇の地位を受け継ぐことで、当初は即位と同じ意味であった。しかし、文武《もんむ》天皇以降、践祚と即位が分離し、桓武天皇の時に践祚ののち、即位の礼が別に行われることになる。践祚は神器を伝承する簡素な儀式である。

▼**藤原頼宗**　九九三～一〇六五年。藤原道長の二男。母は左大臣源高明《たかあきら》の女明子《めいし》。右大臣従一位《じゅいちい》までのぼるが、源倫子腹の兄頼通や弟教通にも昇進を先んじられた。父の政敵伊周の女を室とした。

▼**藤原能信**　九九五～一〇六五年。藤原道長の五男。頼宗と同母。最高位は権大納言正二位。尊仁親王(後三条天皇)の母禎子内親王(陽明門院)には皇后宮大夫《こうごうぐうだいぶ》、尊仁親王には東宮大夫として仕えた。

べたように、道長は一族の内紛を避けるため、嫡子頼通に対して生前卓越した地位をあたえていた。だが、父と異なって、頼通には子女がなかなか生まれないのである。

一方、通房が世を去ったこの年、頼通の同母弟教通《のりみち》▲は四九歳で内大臣正二位《しょうにい》、異母弟頼宗は五一歳で権大納言正二位、能信が五〇歳で同じく権大納言正二位、長家が三九歳で権大納言正二位である。さらに、頼宗の子兼頼《かねより》が三一歳で権中納言正二位、その弟の俊家《としいえ》が二六歳で参議従二位《さんぎじゅにい》、能長《よりなが》▲(能信養子)が二三歳で参議正四位下《しょうしいげ》となっている。すでに五三歳となっていた頼通にとって、幼い嫡子師実にかわる人物が、一族にごろごろ存在していた。一転、頼通の後継者の前途に、暗雲が立ち込めることになる。

このようななかで、一〇四五年、後冷泉天皇が即位したのである。通房が健在であれば、父道長と同じように関白の地位をわが子に譲るところであったかもしれない。しかし、わずか五歳の師実では天皇を補佐する関白の地位に就けるわけにもいかない。しかも、後冷泉天皇は亡き道長の最後の外孫である。師実の同母姉を新天皇の後宮《こうきゅう》に入れるといっても、まだ一〇歳であり、しばらく

また養女茂子(藤原公成女)を東宮妃とした。後三条天皇即位に向けて、大きな役割を果たした。

▼**藤原長家**　一〇〇五〜六四年。藤原道長の六男。頼宗・能信と同母。源倫子の養子となる。最高位は権大納言正二位。歌人として優れ、御子《みこ》左《ひだり》第《てい》を源兼明《かねあきら》から買得したため、子孫が御子左家と呼ばれ藤原俊成《としなり》・定家《さだいえ》につながる。また冷泉家の祖ともされる。

▼**藤原師実**　一〇四二〜一一〇一年。藤原頼通の男。源顕房《あきふさ》の女賢子《けんし》を養女として、貞仁親王(白河天皇)妃とする。一〇七五(承保《じょうほう》二)年、叔父教通死後藤氏長者となり、白河天皇の関白に就任。一〇八六(応徳《おうとく》三)年、賢子が生んだ堀河天皇が即位すると摂政となる。その後、一〇九四(嘉保《かほう》元)年、関白・氏長者《うじのちょうじゃ》を子の師通《もろみち》に譲る。

▼**藤原教通**　二七ページ参照。

▼**藤原能長**　二七ページ参照。

は皇子の誕生までは望めない。そこで天皇の異母弟尊仁（後三条天皇）が皇太弟となるのだが、頼通は当初その出家を工作したのである。

ここで、尊仁の出家を阻止したのが、頼通の異母弟頼宗、能信であった。彼ら源明子《めいし》を母とする摂関家一族が、ここで尊仁支持にまわったことは大きい。摂関家内部の争い、とくに頼通の兄弟間の主導権争いによって、尊仁は東宮になれたのである。

とくに能信は尊仁を全力で庇護することを決意し、みずから進んで東宮大《だい》夫《ぶ》▲となった。そして、翌年には藤原氏北家《ほっけ》閑院《かんいん》流公成《きんなり》▲の女茂子《もし》を、自分の養女として、尊仁のもとに入れた。子にめぐまれなかった能信は、三年前に実父を失っていた茂子に将来を託したのである。また能信は、同母兄頼宗の実子であった能長を自分の養子とした。そして、一〇六五（治暦《じりゃく》元）年に能信が死ぬと、能長が東宮大夫の地位を引き継いだのである。能信はかつて禎子内親王の皇后宮大夫をつとめていた。おそらくは、それ以来禎子とのつながりが強く、その子である尊仁をこのように支え続けたのであろう。

敦明親王（小一条院）は道長と対立していた三条天皇の意志で東宮に立てられ

▼**東宮大夫**　東宮坊の長官。令《りょう》制のもとでは従四位下相当で、平安前期には参議以上が兼任したが、中期以降には中納言以上が多くなった。

▼**藤原公成**　九九九〜一〇四三年。中納言藤原実成《さねなり》の子であるが、祖父太政《だいじょう》大臣公季《きんすえ》の養子となる。最高位は権中納言従二位。女の茂子が権大納言藤原能信の養女として、尊仁親王（後三条天皇）の東宮妃となり、貞仁親王（白河天皇）を生む。

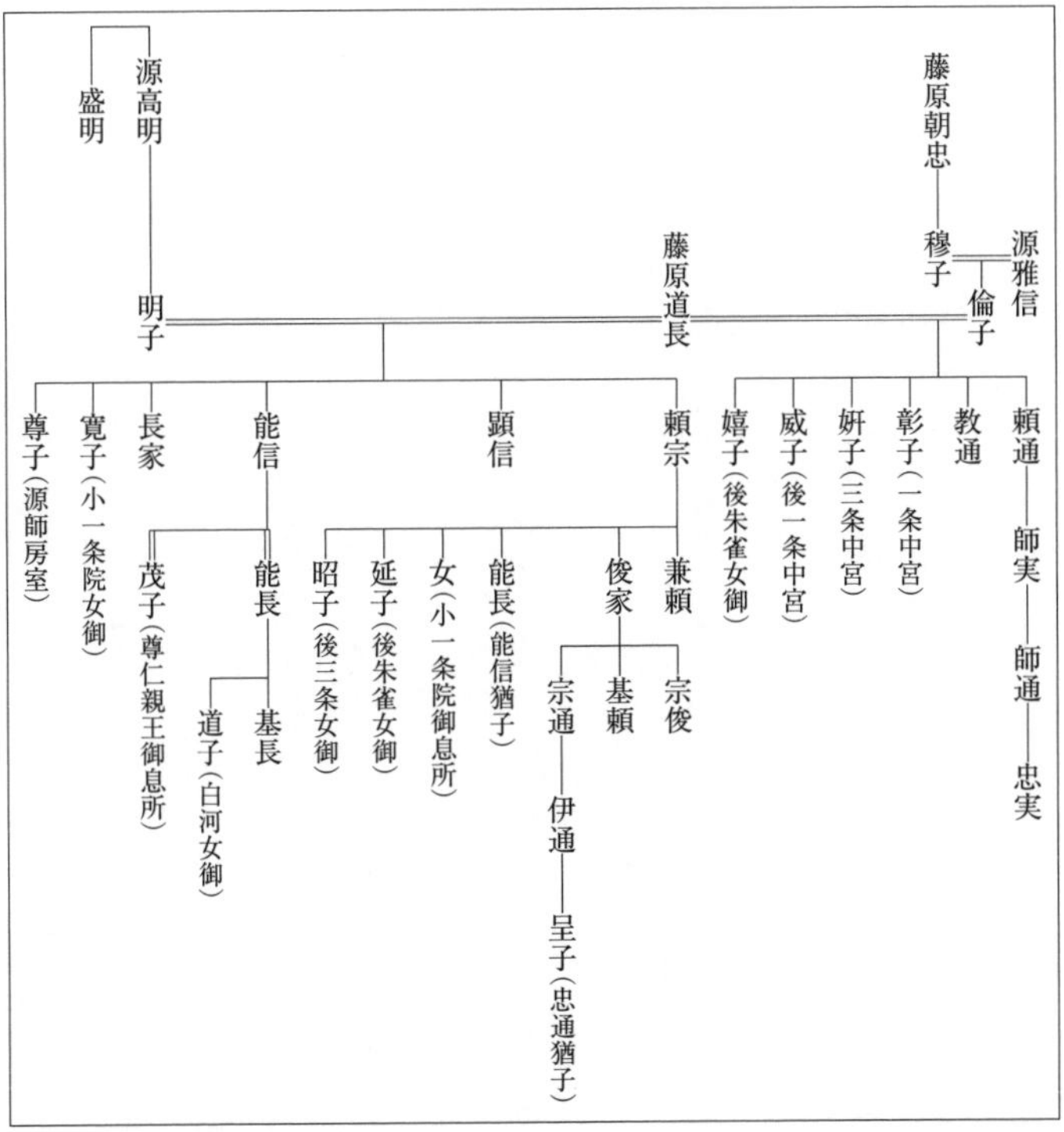

藤原道長関係略系図(美川圭『白河法皇』より)

たため、その立太子《りったいし》の時に東宮の守り刀である「壺切りの剣」を渡してもらえなかったという。『江談抄《ごうだんしょう》』▲『続古事談《ぞくこじだん》』▲には、同様に頼通も二十余年にわたって、「壺切りの剣」を東宮尊仁に渡さなかったと記されている。しかし、立太子の翌年、尊仁が東宮御所《ごしょ》からはじめて内裏の昭陽舎《しょうようしゃ》に入った時、「壺切りの剣」を所持していることがわかるので、その話は誤りである。

だが、『江談抄』は後三条天皇の側近となる大江匡房《おおえのまさふさ》が筆録させた作品だから、事実としては誤りとしても、そのように思われるほど、頼通によるいやがらせはひどかったのである。東宮尊仁は、いずれは小一条院と同じように、東宮の座からおろされるのだろうと、貴族たちは考えていた。尊仁と茂子のあいだに生まれた王子（のちの白河《しらかわ》天皇）にも、親王宣下《せんげ》▲さえ行われる気配はなかった。

頼通の女である皇后寛子は一向に子を生まなかった。後冷泉には、ほかに後一条天皇の皇女章子《しょうし》内親王が中宮となっており、教通の女歓子《かんし》も女御として入っていた。このうち、歓子に一〇四九（永承《えいしょう》四）年に皇子が誕生したが、まもなく夭折した。そうなると、歓子にさらなる王子誕生の可能性が生まれ、にわかに同母の兄弟である頼通と教通のあいだにも隙間風が吹きはじめる。道長

▼**『江談抄』**　十二世紀初頭に成立した説話集。大江匡房の談話を信西《しんぜい》（藤原通憲《みちのり》）の父実兼《さねかね》が筆録したものとされてきたが、筆録者が複数におよぶ可能性が高い。貴族の逸話や有職故実、漢文学関係の記述が中心である。活字本は『群《ぐん》書類従《しょるいじゅう》』雑部におさめられている。

▼**『続古事談』**　源顕兼《あきかね》の『古事談』にならって編纂された説話集。編者不詳。成立は一二一九（承久《じょうきゅう》元）年。『権記《ごんき》』『小右記』などの日記、『中外抄《ちゅうがいしょう》』『富家語《ふけご》』などの藤原忠実《ただざね》の談話録、『唐書《とうじょ》』などの漢籍を典拠にしている。日記などの逸文も含まれるので貴重。

▼**親王宣下**　中国隋唐《ずいとう》の例により、令制では皇兄弟姉妹・皇子女が親王たることが定められた。女子の場合は内親王とも称された。平安時代になると、親王の身分が特定され、親王宣下が必要となった。また皇孫・皇曽孫であっても、親王宣下を受けるようになった。

に多くの男子がいたことが、次代の矛盾を生み出した。摂関家恒例の兄弟間の争いである。そのことが後三条天皇に有利に働いた。

即位の時

兄の後冷泉天皇は、一〇六八(治暦四)年四月十九日に世を去った。四四歳であるから、夭折ともいえないが、結局、一人の皇子も残せなかった。こうして九歳年少だが、すでに三五歳の壮年となっていた尊仁、つまり後三条天皇が即位することになる。東宮にあること二三年、頼通の圧力にたえにたえた念願の即位である。

ふたたび河内説を思い出してみよう。通説が後三条の生母である禎子内親王が皇女であることを強調しすぎていると批判する。禎子の母は道長の女妍子、つまり禎子は道長の孫なのだから、朱雀~後冷泉と大差がないのであり、摂関家はいぜんとして後三条天皇の外戚なのだという主張である。後三条の父方、母方いずれをどこまでさかのぼっても、醍醐▲までは摂関家の血筋から抜け出ることができないというのである。

▼**醍醐天皇**　八八五~九三〇年。在位八九七~九三〇年。宇多天皇の第一皇子。母は藤原高藤の女胤子。『日本三代実録《にほんさんだいじつろく》』『延喜《えんぎ》格《きゃく》式《しき》』の編纂、『古今和歌集《こきんわかしゅう》』の勅撰《ちょくせん》などの事業を推進し、のちの村上天皇の治世とともに、後世「延喜・天暦の治」と賞賛された。

これは一見もっともなようだが、少し考えてみると疑問がわいてくる。後三条の父である後朱雀、その母が藤原道長の女彰子、兄で前帝である後冷泉の母も道長の女嬉子であるように、醍醐以降は歴代の天皇の母は摂関家の女である。後三条が天皇の子であるかぎり、必然的に父方祖母は摂関家の女となる。また母が天皇の女であれば、その母は必ず摂関家出身であり、その天皇の配偶者も摂関家の女である可能性がきわめて高くなる。

すなわち、一七〇年間も天皇の外戚を摂関家が占めていたのだから、摂関家と無縁の天皇など出現するはずがないのである。祖母に摂関家の女がいるに決まっているのである。歴代天皇の母が摂関家の女であったなかで、後三条の母が皇女であることは、わずかなようにみえて、実は大きな変化とみなければならない。後三条の即位を執拗に阻止しようとした藤原頼通の行動を認めながら、これをその原因の一つに数えないのは不自然である。

後三条の母禎子内親王は、すでに二十数年前に出家していたが、翌年二月に陽明門院の院号をくだされた。この陽明門院の母が道長の女妍子であるから、後三条はやはり摂関家を外戚にしているというのが、河内の新説である。しかし、ここまで述べてきたように、道長が世を去ってからすでに四〇年たっており、また後三条と頼通は明らかに対立関係にあった。三条天皇の皇子誕生を願っていた道長にとって、皇女禎子の誕生は望ましいものではなかったことは宮廷でよく知られており、禎子自身も早くから認識していたことであろう。このような政治状況をみてくると、後三条と摂関家との関係を「外戚」と主張する意味があるとは思えない。外戚の定義を、母方祖父、あるいはそれに准ずる母方伯叔父までに限定する通説が逆に裏づけられるのである。

　後三条の即位を目前に、頼通は関白を辞して隠遁した。あらたに関白の地位に就いたのは、頼通の同母弟教通▲である。教通は後冷泉のもとに入れた歓子が皇子を生む可能性があり、その皇子を即位させて、外祖父として摂政になる見込みがあった。また、亡き養父を継いで東宮大夫となり後三条を支えていた権大納言能長▲も、関白になる資格があった。後三条と能信養女茂子とのあいだには、すでにのちの白河天皇となる貞仁《さだひと》がいたから、能長は次代の外戚となる可能性があった。

　そう考えると、外戚となる可能性のある能長ではなく、もはやその可能性が

▼**藤原教通**　九九六〜一〇七五年。藤原道長の三男。母は源雅信女倫子。父道長の死後、女生子《しょうし》を後朱雀天皇女御、歓子を後冷泉天皇皇后とした。そのため兄頼通と確執が生じた。一〇六七(治暦三)年同母兄頼通が関白を辞任すると、翌年その地位に就く。直後に後冷泉天皇が亡くなり、後三条天皇が践祚するとその関白となる。

▼**藤原能長**　一〇二二〜八二年。右大臣藤原頼宗の三男で、叔父能信の養子となる。母は内大臣藤原伊周の女。一〇六五(治暦元)年に養父能信が死去すると、東宮大夫の地位を継承し、尊仁親王を支えた。後三条・白河親政のもとでも東宮大夫となった。最高位は内大臣正二位。

ない高齢の教通を関白としたのには、後三条の絶妙な計算があったと考えるべきであろう。後三条が摂関家との距離をおこうとしていたことは、明白なのである。

② 荘園整理令と記録所

一天四海ノ巨害ナリ

『愚管抄《ぐかんしょう》』巻四に次のような記事がある。「後三条天皇が、延久《えんきゅう》の記録所《きろくじょ》をはじめておいた理由は、諸国七道《しちどう》の所領《しょりょう》で、天皇の命令である宣旨《せんじ》や朝廷の太《だい》政官符《じょうかんぷ》もないまま、公領《こうりょう》を押領《おうりょう》してしまうことが、『一天四海ノ巨害』(天下の大きな害悪)であると思い続けておられたからである。すなわち、宇治殿《うじどの》つまり藤原頼通《ふじわらのよりみち》が政権にあった時、摂関家《せっかんけ》の所領であるとだけいって、荘園《しょうえん》が諸国に満ちてしまい、受領《ずりょう》▲の徴税が困難になったということを、お聞きになっていたからである」。

これは、荘園整理を行うための調査機関、延久の記録荘園券契所《けんけいじょ》▲(以下「記録所」と略記する)についての有名な史料の内容である。『愚管抄』は鎌倉中期に慈《じ》円《えん》が記した歴史書であるから、この記述をそのまま事実とみることはできない。しかし、在地領主▲が受領の徴税を逃れるため、宣旨や太政官符をもたないまま、みずから

▼**受領**　一般的には任国に赴任する国司の最高責任者のことをさし、守《かみ》・権守《ごんのかみ》・介《すけ》などの場合が多い。しかし、平安後期以降は任国に目代《もくだい》が派遣され留守所《るすどころ》がおかれ、受領が在京することも多くなった。

▼**記録荘園券契所**　記録所とも。延久の記録所が停止されたのち、一一一一(天永《てんえい》二)年に天永、五六(保元元)年に保元の記録所がおかれた。いずれも荘園整理および所領相論の文書審査のための臨時の組織であったが、一一八七(文治三)年におかれた文治の記録所は鎌倉時代を通じて存続した。職員には上卿・弁・開闔《かいこう》がおかれた。

▼**在地領主**　農・山・漁村などに生活の拠点をもち、周囲の民衆の生産活動に強い支配権をもっていた領主層の総称。京都およびその周辺に拠点をもつ荘園領主と区別する表現である。戦後、石母田正の研究によって歴史的概念として定着した。

の私領を摂関家の荘園と称していた状況は多くみられたと考えられる。このような状況に対して、後三条天皇が大きくメスを入れようとしたことは十分ありうるのである。それは摂関家を外戚としない後三条天皇だからこそ、可能な政策であった。

頼通の荘園をめぐって

記録所が太政官庁の朝所《あいたんどころ》▲におかれたのは、一〇六九(延久元)年閏《うるう》十月十一日であることがわかっている。実は設置に関する唯一の史料は『百練抄《ひゃくれんしょう》』▲の「始めて記録荘園券契所を置き、寄人《よりうど》等を定む」という短い記事なのだが、その日付は「延久元年閏二月十一日」となっている。この年の閏月は閏十月であり、閏二月は存在しないので、閏十月の誤りであると考えられているのである。そうなると、後三条天皇の践祚《せんそ》から一年七カ月もたっている。実はこの間に、後三条と頼通とのあいだで、荘園整理をめぐる対立があったことが、さきに示した『愚管抄』の続く部分に記されている。その内容は次のようなものである。

「さて、後三条天皇が宣旨をくだされて、諸人の支配する荘園の文書を提出

▼**朝所**　太政官の東北隅にあった舎屋。裏松固禅《うらまつこぜん》の『大内裏図考証』によると、東西一六丈(約四八・五メートル)、南北一二丈(約三三・三メートル)。内裏《だいり》焼亡や方《かた》違《たがえ》の時、一時的に御所《ごしょ》となることがあった。延久・天永の記録所がここにおかれた。

▼**『百練抄』**　編年体の歴史書。編者と成立年不詳。十三世紀後半の亀山《かめやま》天皇在位期以降と推定される。現存の記事は冷泉《れいぜい》天皇在位期から亀山天皇即位の一二五九(正《しょう》元《げん》)年まで。多くの貴族の日記を利用していると考えられる。『(新訂増補)国史大系』一一所収。

させたが、頼通からのお返事には、『私のところについては、皆が承知していることだと思うのですが、五十余年天皇の後見《こうけん》をしてまいりましたので、所領をもっている者が私と縁故をつくろうと思って寄進してきたので、そうか、というだけでそのまま過ぎてきました。なんで証拠の文書などがありましょうか。ただし、私の所領と申している荘園で、不確かなものだとお考えの場所がございましたら、いささかも遠慮なさることはございません。このような荘園は、私が関白《かんぱく》であった時ならば、進んで整理しなければならぬところなのですから』と、頼通がきっぱりと申されたものですから、はからずも後三条天皇の準備していたことと違ってしまいました。そこで時間をかけてお考えになって、特別に宣旨をくだされて、この記録所へ文書などを召す時には、『前太相国《さきのだいそうこく》▲ノ領ヲバノゾク』という命令をくだして、なかなか一向に指示をくだされませんでした。この後三条天皇の措置を、すばらしいことだと世の人びとは申しました」という。

　実は、この記述の後半の部分は、その意味が難解である。一番の問題は記録所への文書提出について「前太相国ノ領ヲバノゾク」と宣下されたとあるのを、

▼**太相国**　太政《だいじょう》大臣のこと。律令官制《りつりょうかんせい》の最高官であるが、具体的職掌はなく、常置もされない。しだいに実権とは離れた名誉職になった。藤原良房《よしふさ》が清和《せいわ》天皇の加《か》冠《かん》役をつとめた先例により、摂《せっ》政《しょう》である太政大臣がこの役をつとめることになった。後一条《ごいちじょう》天皇の摂政となった藤原道長《みちなが》が短期間太政大臣となったのは、このためである。

藤原氏の荘園なのか、摂関家領なのか、あるいは頼通の荘園なのか、いくつかの解釈が可能なことであろう。また、そのこと自体を『愚管抄』の誤りと考えることもできるのである。

　これに関連して、重要な史料が確認されている。まず、頼通の孫にあたる藤原師通《もろみち》▲の日記『後二条師通記』の記事である。「殿下御消息に云う、土井庄《どいのしょう》の事仰せられるなり、件《くだん》の所は後三条院記録之(所脱カ)創、停止されるなり」(寛治《かんじ》五〈一〇九一〉年十二月十二日条)つまり、師実《もろざね》から嫡子の師通に、摂関家領である土井荘が後三条天皇の記録所がはじめておかれた時、停止された、と述べたというのである。また「昨日御返事に云う、庄園文書、後三条の御時《おんとき》(延久之比《のころ》)、召しに依り進むるところなり」(康和《こうわ》元〈一〇九九〉年六月十三日条)ともあり、摂関家の文書が後三条天皇の時に、天皇の召しにより進上されたという。また「建長《けんちょう》五〈一二五三〉年十月廿一日これを注出す」とある『近衛家《このえけ》所領目録』の奥書に「所領の濫觴《らんしょう》は、委しく延久二〈一〇七〇〉年十月六日進官目録に見る」とも記されている。

　これらを確認した竹内理三は『愚管抄』の記事を誤りとし、藤原氏も後三条天皇の荘園整理に協力的であったとする。つまり、藤原氏の荘園についても、記

▼**藤原師通**　一〇六二〜九九年。摂政関白藤原師実の男。一〇九四(嘉保《かほう》元)年父の譲りで堀河《ほりかわ》天皇の関白、氏長者《うじのちょうじゃ》となる。白河上皇《しらかわじょうこう》の院政《いんせい》に「おりゐのみかどの門に車立つ様やはある」(『今鏡《いまかがみ》』)と反対したという。一〇九五(嘉保二)年の延暦寺強訴《えんりゃくじごうそ》に対して強硬姿勢をとったため、死後山門の祟りの噂《うわさ》が流された。

録所に証拠文書が例外なく提出され、なかには停止された荘園もあったというのである。現在、この竹内説がほぼ通説となっている。

これに対し、竹内説以前の三浦周行説などを参考にしながら、藤本孝一は「前太相国ノ領ヲバノゾクト云宣下アリテ」の部分について、慈円がなんらかの原文書を参照する機会があり、実態をふまえているのではないかと推測した。そして、この例外的に文書が召されなかった「頼通領」こそ、後三条即位直前の治暦《じりゃく》四(一〇六八)年三月二十九日に「太政官牒《かんちょう》」がくだされて、不輸不入権《ふゆふにゅうけん》▲が設定された平等院《びょうどういん》領の九カ所だと論じたのである。

延久荘園整理令と記録所

ここで、延久荘園整理令の条文を現代語訳でみてみたい。(1)は治暦五(一〇六九)年二月二十二日、(2)はそれを再度確認するために、約一カ月後の三月二十三日に、それぞれ太政官符で出された。

(1)神社・仏寺・院宮王臣家《いんぐうおうしんけ》▲の諸荘園のうち、寛徳《かんとく》二(一〇四五)年以後に、あらたに立てられた荘園は停止せよ。やせた荘田をひそかに肥えた公田《こうでん》と交

▼不輸不入権　不輸とは段別に賦課される国家的租税が免除されること。不入とは国衙《こくが》の検田使《けんでんし》などによる国家的な土地調査を免除されること。不入権の対象の租税は当初は租であったが、のちに官物・臨時雑役などに拡大した。不入権もしだいに警察権に拡大した。不輸不入権は荘園に対する国家権力の介入を排除する特権となり、中世的な荘園の基本要素とされる。

▼院宮王臣家　平安初期以来、天皇とつながりの強い皇族や貴族たちのことを示す。太上《だいじょう》天皇、皇后・皇太后《こうたいごう》・太《たい》皇太后、親王《しんのう》、内親王《ないしんのう》、五位以上の貴族などである。私的土地所有を拡大したり、彼らに結びついて利益をえようとする下級官人や有力農民が増加したとして、史料中に否定的な文脈で用いられることが多い。

換しているもの、勝手に平民《へいみん》を使って公田を隠したもの、定まった所在地のないものがある。諸荘園の所在、領主、田畠の総面積について、たしかに詳細を報告するように、との宣旨がくだされた。

(2)寛徳二年以後の新立荘園はながく停止すべきである。さらに古くからの荘園であっても、証拠文書が不明であって、国司《こくし》の職務に妨げがある場合は、厳しく禁制を加えて、同じように停止せよ。

法令の内容を比較してみると、寛徳二年以後の新立荘園停止という部分が共通する。この寛徳二年というのは、寛徳の荘園整理令のことを示す。この寛徳令では「前司任中以後」つまり前国司在任中以後の新立荘園停止という基準を提示した。「寛徳二年以後の新立荘園停止」という基準は、一〇年後の天喜《てんぎ》三(一〇五五)年の整理令ではじめて示され、この延久令がそれを踏襲し、以後承保《じょうほう》二(一〇七五)年、承暦《じょうりゃく》二(一〇七八)年、康和《こうわ》元(一〇九九)年の荘園整理令にも引き継がれる。その基準が「久寿《きゅうじゅ》二(一一五五)年七月二十四日以後」つまり当代後《ご》白河《しらかわ》天皇の践祚以後、に変更されるのが保元《ほうげん》元(一一五六)年のいわゆる保元令《れい》なのである。

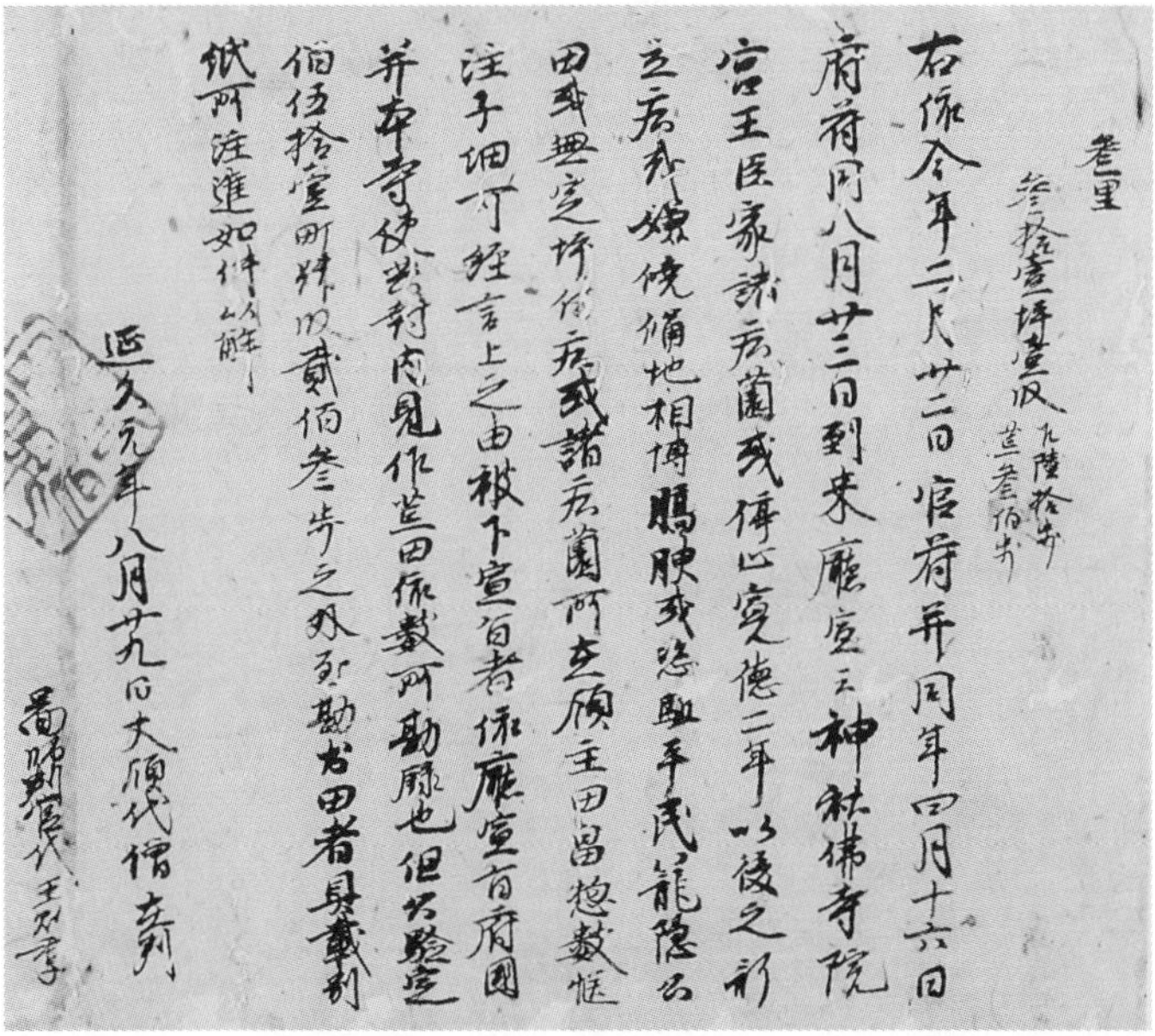

本文(1)の太政官符が引用された延久元(1069)年８月29日筑前国嘉麻郡司解案（百巻本東大寺文書）

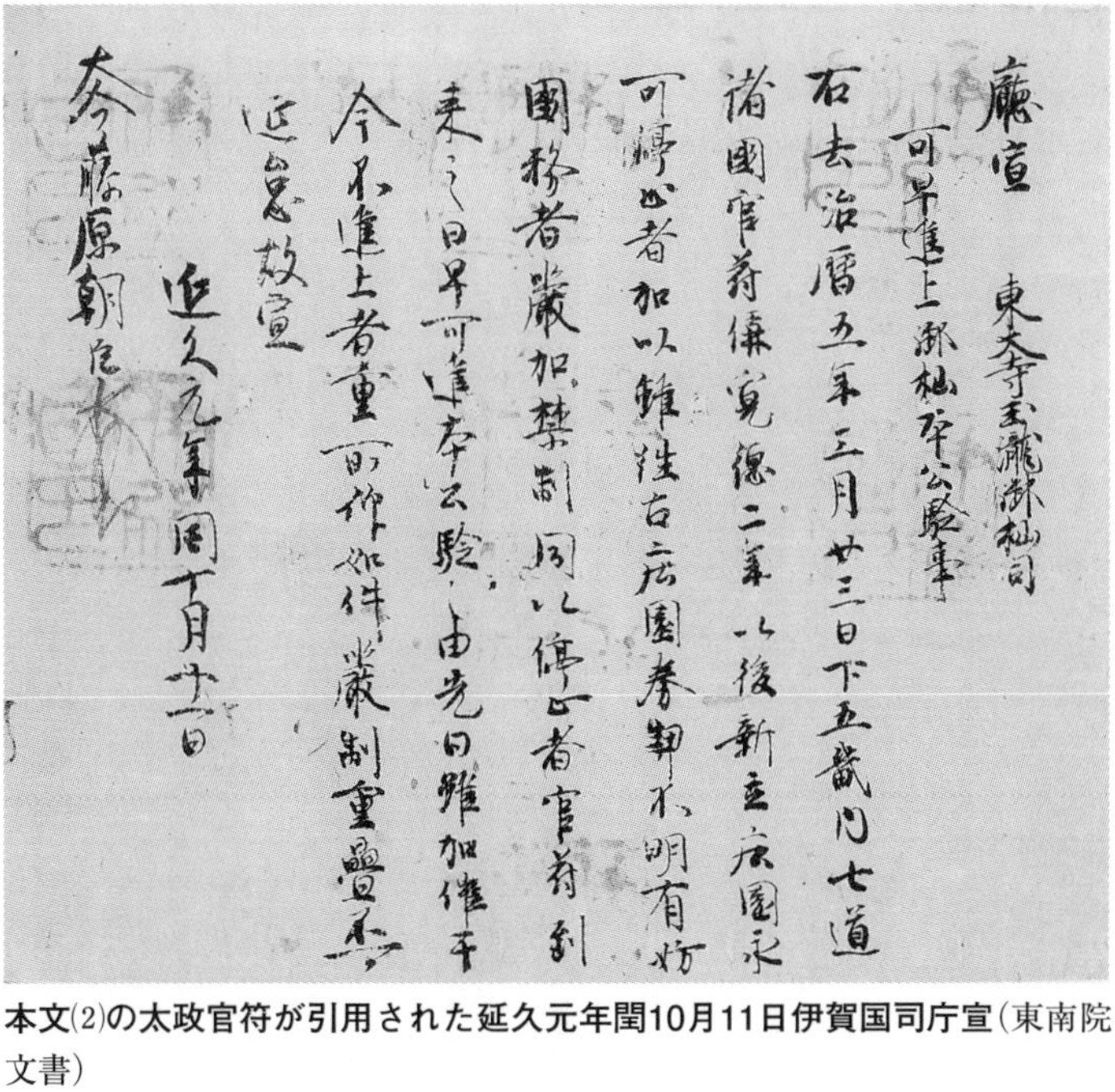

本文(2)の太政官符が引用された延久元年閏10月11日伊賀国司庁宣（東南院文書）

寛徳二年の荘園整理令は、後朱雀《ごすざく》から後冷泉《ごれいぜい》への天皇の代替わりに基づいて、出されたものである。関白は頼通であるから、頼通が中心になって出された法令であるといえよう。しかも後冷泉朝では一貫して頼通が関白の座にあり続けた。「寛徳二年以後の新立荘園停止」という部分は、いわば頼通の顔を立てて一〇年後の天喜令を継承したまでで、実質的な意味はあまりない。重要なのは、それ以外の部分である。

(1)では、正規の許可を受けていない荘園や「浮免《うきめん》」といわれる所在地が決まっていない荘園を停止させるため、荘園の所在地・領主・田畠の面積などを朝廷に報告せよという。(2)では、「寛徳二年以後」という基準にかかわらず、立荘の証拠となるべき文書がなかったり、国司の職務の妨げになっている荘園は認めないというのである。(1)でも(2)でも、ともかく太政官に、荘園の所在地・領主・田畠の面積などがわかる文書を提出しなければならない。あとは、朝廷でそれらの文書を精査し、当該国司の意見を聞いて、荘園の存続か停廃を決めるということになる。

このように、延久の荘園整理令では、太政官、究極的には天皇が、所在地の明示された領域型の荘園だけを認可することになる。たとえ寛徳二年以後の新立荘園でも、実は一律停廃するのではない。後三条天皇が、このような条件に合致する荘園については存続を認めるのである。こうして、従来は実質上国司に委任されていた荘園存廃の判断が、太政官、そして最終的には天皇によってなされるようになった。こうして天皇によって、荘園制は公認されることになる。これ以後、荘園制が成立し、中世社会の基盤になっていくのである。このための荘園文書の審査機関としておかれたのが、記録所ということになる。天皇はこの記録所の勘奏《かんそう》(報告書)に基づいて、荘園の存続か停廃かを最終的に決定したのである。

荘園整理令が出されてから、記録所が設置された閏十月十一日まで、八ないし九カ月の時間がかかっている。この間に太政官に提出された荘園文書はどこで審査、ないし保管されていたかというと、「官底《かんてい》」といわれる弁官局《べんかんきょく》(太政官の事務局)であると考えられる。提出された文書を通常の太政官事務局で審査しようとしたが、その文書の量の多さに直面し、新組織の結成にいたったと考えるのが自然だろう。

唯一の史料『百練抄』には「寄人▲等を定む」としか記されていないので、後世の天永《てんえい》・保元・文治《ぶんじ》などの記録所の例から推定するしかない。延久も、上卿《しょうけい》・弁・寄人から成り立っており、上卿には一〇六九年と七〇(延久二)年は権大納《ごんだいな》言《ごん》源経長《みなもとのつねなが》、七一(同三)年と七二(同四)年は権中納言《ちゅうなごん》源隆俊《たかとし》で、いずれも弁官▲経験のある実務系公卿《くぎょう》が就任した。弁《べん》としては右少弁《うしょうべん》大江匡房《おおえのまさふさ》、寄人には左大史《さだいし》小槻孝信《おづきたかのぶ》や大外記《だいげき》▲などの実務官人がその任にあったと推定されている。

「頼通領」にあたると考えられる平等院領の九カ所について、後三条即位直前の治暦四(一〇六八)年三月二十九日に「太政官牒」がくだされて、不輸不入権が設定されたことはすでに述べた。その「太政官牒」には「左少弁藤原」と「左大史小槻宿禰」の署名がある。「左少弁藤原」は藤原正家《まさいえ》▲であるが、「左大史小槻宿禰《すくね》」は記録所の寄人であったと推定される小槻孝信のことである。「官底」といわれる弁官局を事実上運営しているのは、「大夫史」ともいわれる左大史である。左大史小槻孝信は、平等院領の不輸不入権を設定する「太政官牒」に関与しており、記録所ができるとその寄人に就任したわけだから、平等院領つまり「頼通領」について詳細に把握していた。こうなると、結局文書の提出をまぬがれた

▼**寄人**　平安時代以後、朝廷の記録所・和歌所《わかどころ》・御書所《ごしょどころ》、鎌倉・室町幕府の政所《まんどころ》・問注所《もんちゅうじょ》・侍所《さむらいどころ》などの職員のこと。また、荘園の耕作者として、国衙の臨時雑役を免除された人びと、寺社に隷属する人びとなどもさす。

▼**弁官**　太政官の行政事務を担当する部局。左右の弁官局には、それぞれ大・中・少弁の下に大・少史をおく。太政官符や宣旨・官宣旨なども作成した。平安中期以降、左大史が実質的に事務を担当し、官務と呼ばれるようになる。これを小槻氏が世襲した。

▼**大外記**　太政官の少納言局の下にあったのが外記局。大外記・少外記と史生《ししょう》からなる。内記《ないき》作成の詔勅《しょうちょく》の検討、奏文《そうぶん》作成、先例の調査、儀式の奉行《ぶぎょう》などを行った。平安中期以降、上首《じょうしゅ》である大外記は清原《きよはら》・中原《なかはら》両家が世襲し、局務《きょくむ》と称した。

とされる「頼通領」すなわち平等院領九カ所については、太政官あるいは記録所に改めて証拠文書、つまり「太政官牒」を提出させる必要はないことになる。後三条が頼通に特例を認めたのは、実質上は意味のないことを行い、頼通の顔を立てるような行為であったといえよう。それほど、後三条と頼通との対立は根深いものがあった。

▼**藤原正家**　一〇二六〜一一一一年。藤原家経《いえつね》の男。一〇六五(治暦元)年に文章《もんじょう》博士となり、弁官を歴任する。堀河天皇の侍読となり、御書所別当《べっとう》となる。学者として大江匡房と並び称され、天皇への進講、年号の勘申《かんじん》、文章の作成などに活躍した。

③内裏・大内裏復興

大極殿再建

一〇五八（康平元《こうへい》）年二月、大極殿《だいごくでん》▲をはじめとする朝堂院《ちょうどういん》（八省院《はっしょういん》）、五六（天喜《てんぎ》四）年に再建されたばかりの内裏《だいり》や中和院《ちゅうわいん》▲などが焼けた。大《だい》内裏で残ったのは、朝堂院南の応天門《おうてんもん》と左右の楼閣《ろうかく》、内裏の建礼《けんれい》門・朔平《さくへい》門・宜秋《ぎしゅう》門と桂芳坊《けいほうぼう》（朔平門の南東にあり）などにすぎなかった。当時の後冷泉《ごれいぜい》天皇のもと、大極殿を再建する動きもあったが、ついに実現しなかった。父道長《みちなが》創建の法成寺《ほうじょうじ》▲再建、あるいは平等院《びょうどういん》造営を頼通《よりみち》が優先させたためと考えられる。大極殿はすでに天皇の日常の政務や居住の場ではなかったが、即位式には不可欠の場と考えられていた。結局、後三条天皇は大極殿での即位式を挙行できず、一〇六八（治暦《じりゃく》四）年七月、その代替として太政官庁《だいじょうかんちょう》を使わざるをえなかったのである。これは後三条にとって、屈辱的なことであった。

後三条はすぐさま、その年の八月に大極殿の木作始《きづくりはじめ》、十月立柱上棟《りっちゅうじょうとう》、翌一〇六九（延久《えんきゅう》元）年四月「瓦事《かわらごと》」始、七〇（同二）年五月に木製鴟尾《しび》を用いる決定

▼**大極殿**　平安京では、大内裏の中心にある朝堂院（八省院）の正《せい》殿《でん》。元日の朝賀《ちょうが》、即位、蕃客朝《ばんきゃくちょう》拝《はい》などの国家的な儀式において、天皇が出御《しゅつぎょ》する殿舎《でんしゃ》である。後三条天皇が再建した大極殿も、一一七七（治承《じしょう》元）年に焼失し、以降は再建されなかった。

▼**中和院**　内裏の西、真言院《しんごんいん》の東に位置した、内裏の殿舎。新嘗《にいなめ》祭《さい》・神今食《じんごんじき》など天皇の親祭《しんさい》に用いられた。親祭は正殿である神嘉殿《しんかでん》で行われたが、天皇の出御がない時は神祇官《じんぎかん》が用いられた。

▼**法成寺**　藤原道長創建。最初は無量寿院《むりょうじゅいん》と称した。一〇二〇（寛仁《かんにん》四）年に阿弥陀堂《あみだどう》を建立、二二（治安《じあん》二）年に金堂《こんどう》が落慶《らっけい》するとともに法成寺と改称。出家後の道長はここに住み、阿弥陀堂で死去した。一〇五八（康平元）年に焼亡するが、頼通はすぐに再建に着手し、数年で完全な復興を果たした。

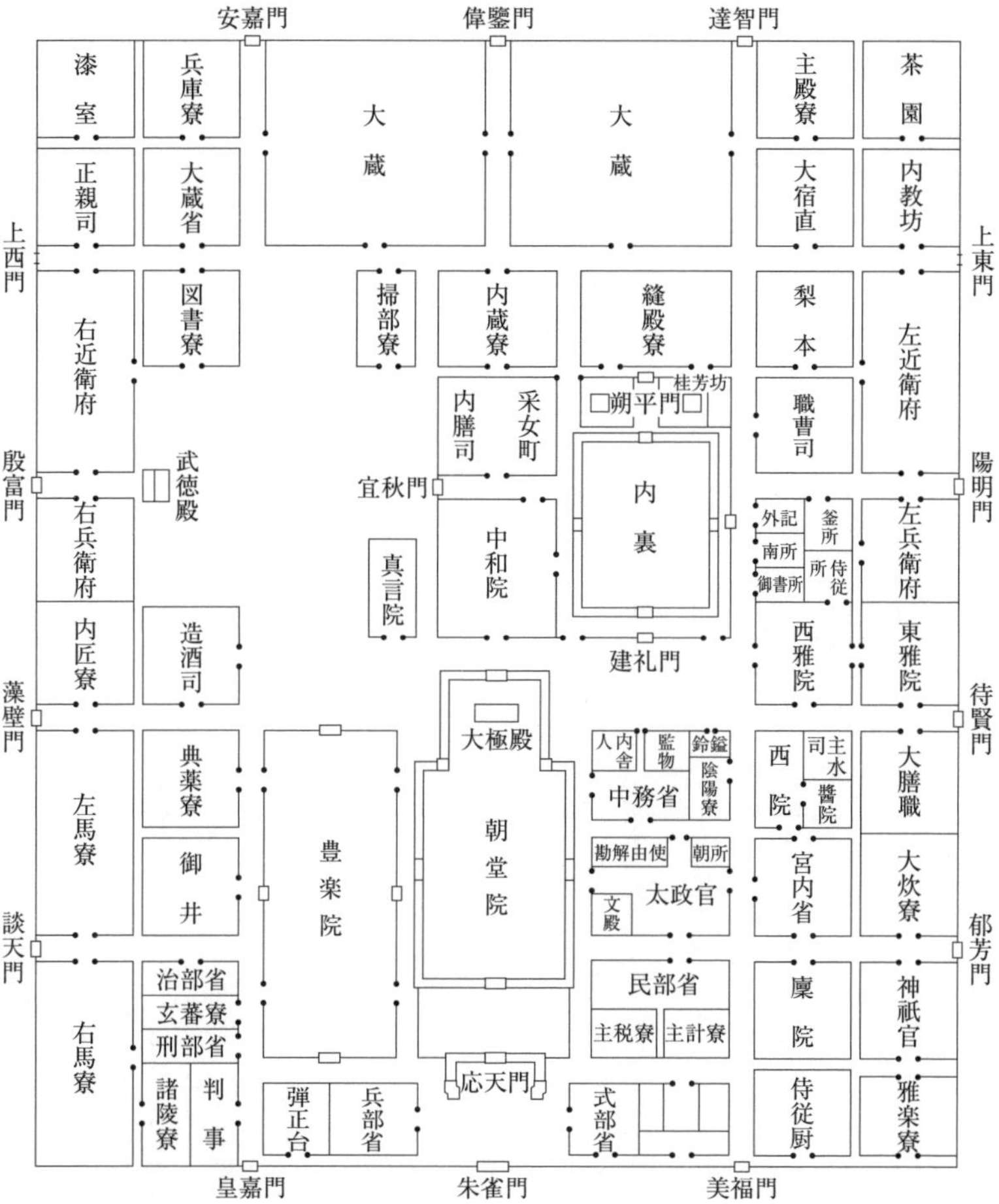

大内裏図(『平安京提要』をもとに作成)

などを行う。こうして大極殿が落成したのが、一〇七二(延久四)年四月のことである。後三条は落成式で、蒼龍《そうりゅう》・白虎楼《びゃっころう》や諸門に額を打った。そして、この年の十二月八日に東宮貞仁親王《とうぐうさだひとしんのう》に譲位する。貞仁、すなわち白河《しらかわ》天皇は、十二月二十九日に真新しい大極殿で、即位式を行うのである。これ以降の白河・鳥羽《とば》院政《いんせい》期の堀河《ほりかわ》・鳥羽・崇徳《すとく》・近衛《このえ》らの天皇の即位式は、すべて後三条天皇が再建したこの大極殿で挙行される。後三条はその在位四年半の大半の時期、この大極殿の復興にあたったといえよう。

内裏造営と記録所

平安時代、天皇の政務や居住の場となっていた内裏がはじめて焼けたのは、九六〇(天徳《てんとく》四)年九月のことである。村上《むらかみ》天皇は翌年十一月に内裏が再建されるまで、大内裏東に隣接する冷泉院に移った。さらに九七六(貞元《じょうげん》元)年五月にふたたび内裏は火にかかり、円融《えんゆう》天皇は職曹司《しきのぞうし》に二カ月ほど仮住まいしたのち、堀河院を臨時の御所《ごしょ》である里内裏《さとだいり》に定め、翌年七月の内裏再建完成まで、そこを住居とした。ところが、この新造内裏も三年余りでふたたび焼失し、円融は

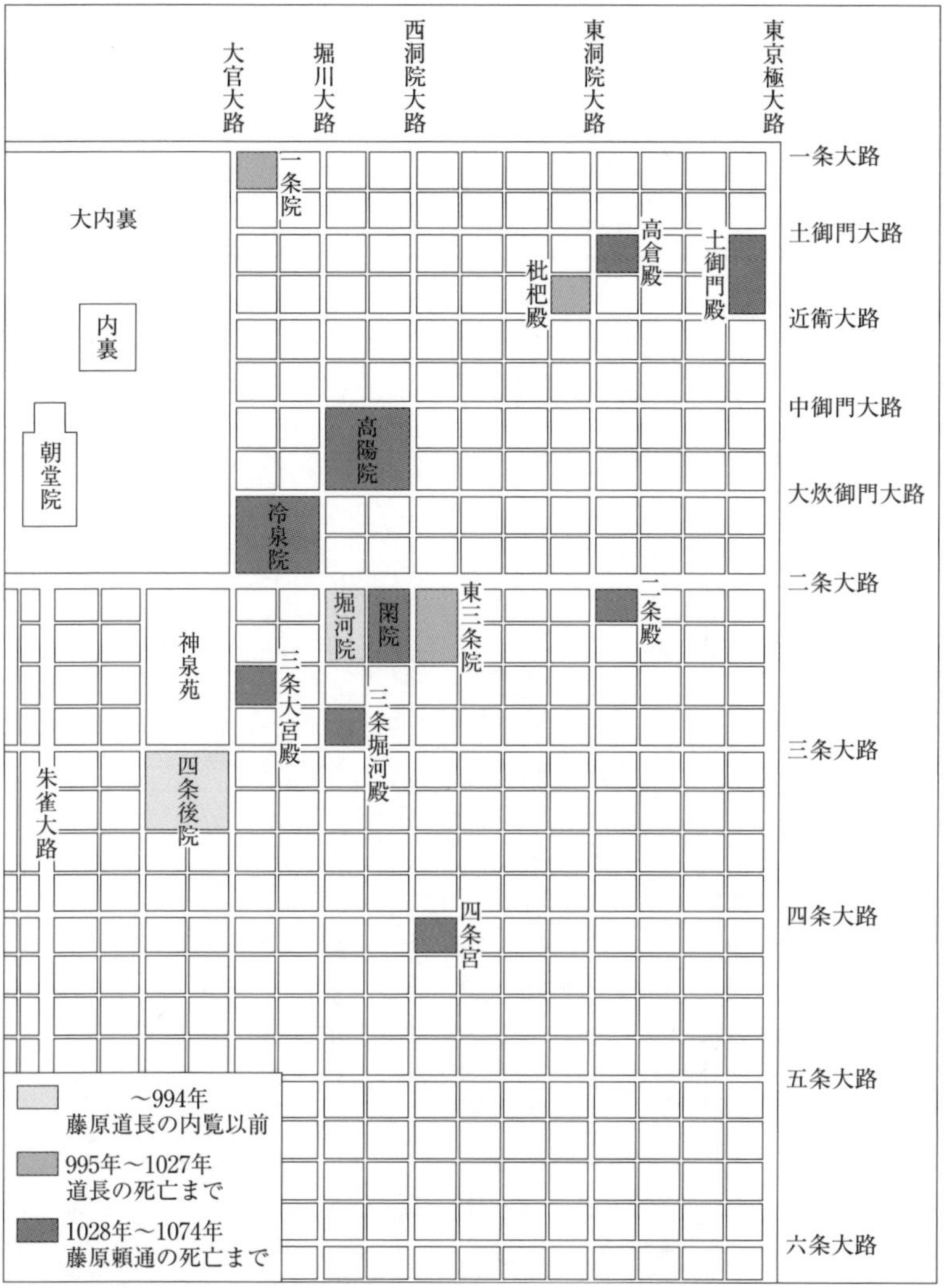

おもな里内裏（朧谷寿『集英社版　日本の歴史⑥』を一部改変）

九八〇(天元《てんげん》三)年十一月に前と同じように職曹司に移り、翌月に太政官庁、翌年七月四条後院《しじょうごいん》、九月職曹司と転居を繰り返した末、十月に新造内裏に戻った。さらに、これも約一年後には燃え、九八二(天元五)年十一月、円融は職曹司をへて堀河院に移った。円融はそのまま九八四(永観《えいかん》二)年八月に里内裏堀河院で譲位し、次の花山《かざん》天皇がそこで践祚《せんそ》し即日新造された内裏に移るのである。七九四(延暦《えんりゃく》十三)年の平安遷都《せんと》以来、約一五〇年以上焼失の記録がない内裏が、十世紀後半から、にわかに罹災することが多くなった。原因は、律令制《りつりょうせい》の衰退によって内裏の日常的管理がずさんとなったためだと考えられる。これ以降、摂関《せっかん》期のおもな内裏焼亡は、一条《いちじょう》朝に三度、三条《さんじょう》朝・後朱雀《ごすざく》朝・後冷泉朝に二度ずつである。そのたびごとに、天皇は里内裏を転々とした。

後三条天皇も、一〇六八(治暦四)年四月に二条西洞院《にしのとういん》の閑院《かんいん》を里内裏として践祚しており、大内裏内の正規の内裏は五八(康平《こうへい》元)年に大極殿などの八省院とともに焼失したまま再建されていなかった。後三条は、六月故藤原長家《ふじわらのながいえ》第《てい》(御子左《みこひだり》第)であった三条大宮殿に移り、九月には関白教通《かんぱくのりみち》第の二条殿《にじょうどの》へとさらに遷御《せんぎょ》した。しかし、この二条殿が十二月に焼亡したため、閑院に戻り、

▼朝覲行幸　天皇が年初に太《だい》上《じょう》天皇・皇太后《こうたいごう》の御所に行幸し、新年の礼をとり、あいさつにいくこと。

さらに三条大宮殿をしばらく居所とすることになる。翌一〇六九(延久元)年六月、増築された高陽院《かやのいん》に移った。なお、後三条の東宮時代の御所閑院には、母の陽明門院禎子《ようめいもんいんていし》が住んでいたらしく、この年の八月や翌年二月、高陽院から閑院への朝覲行幸《ちょうぎんぎょうこう》▲が行われている。高陽院を一年半ほど用いた末、一〇七〇(延久二)年十二月、皇太后《こうたいごう》藤原寛子《かんし》(頼通の女《むすめ》)の御所であった四条宮に移る。

こうしたなかで、内裏の再建は一〇七〇年三月に開始され、翌年三月立柱上棟、八月に完成し、後三条は四条宮から遷御した。内裏再建の開始が遅れたのは、当初大内裏の再興、とくに大極殿再建が優先されたためだと思われるが、結局、大極殿の完成は遅れ、内裏完成後の一〇七二(延久四)年四月となったわけである。

内裏の造営、ましてや今回は大内裏を復興する大事業であるから、相当な費用と人夫が必要となる。内裏の造営は従来、「国宛《くにあて》」と呼ばれ、特定の数カ国を「所課国」に指定し、その費用などを分担し調達させる方法をとってきた。国司《こくし》の側からすると、国内から臨時の租税を徴収することになるのだが、所定の貢納物に加えて臨時の賦課となると、その負担はとても重いものとなった。国司

高陽院（「駒競《こまくらべ》行幸《ぎょうこう》絵巻《えまき》」より）　藤原頼通は高陽院の造営に熱心であった。1024（万寿《まんじゅ》元）年，頼通は後一条天皇と太皇太后・彰子《しょうし》，東宮《とうぐう》（のちの後朱雀天皇）をここに招き，競馬《くらべうま》や船楽《ふながく》など贅《ぜい》をつくした遊宴を催した。黄丹《おうだん》の袍《ほう》を着て寝殿に座すのが東宮。左の御簾《みす》の内は彰子であろう。その後何度か焼亡するが，再建され里内裏としても使用された。

としてはなんとか、その軽減をめざしたいと思うのは当然であろう。

国司が徴収できる租税は、通常の貢納物であっても、内裏造営のための臨時税であっても、国内の公領(国衙《こくが》領)に賦課されるのが原則である。つまり荘園《しょうえん》からは租税が徴収できない場合が多かった。しかし、天皇に直接関係の深い租税については、荘園でも公領でも賦課できるようにしてもらいたいという国司の要求が、十一世紀前半の一〇四〇(長久《ちょうきゅう》元)年頃から起こってきていた。この動きが、後三条天皇のもとでの延久の内裏造営事業にいたって、一気に体制化したと考えられている。後三条天皇の施策によって、天皇の権威が上昇し、しかも大極殿をはじめとする大内裏復興、および内裏再建という事業が重なり、国司の負担が過重となったためであろう。これは、一国平均役《いっこくへいきんやく》と呼ばれており、荘園、公領ともに賦課される、中世に特徴的な租税である。

この一国平均役を徴収するためには、その土地が公領なのか、荘園に属するのか、はっきりしていなければならない。公領であるならば、国司の支配下にあるが、荘園ならば国司の使者が入れない「不入権《ふにゅうけん》」が設定されている場合が多い。場合によっては、▲荘園領主に徴収を委託して、荘園領主から一括して国

▼**荘園領主**　荘園現地の支配者である在地領主に対する概念で、史料に見える用語ではない。一般には、荘園を領有する京都およびその周辺の都市貴族や大寺社をさすが、関東御領《ごりょう》を有する鎌倉殿も荘園領主に加えられることがある。本家職《ほんけしき》・領家職《りょうけしき》などを有し、いわゆる職の体系の頂点を構成する。

▼**延久の宣旨枡**　後三条天皇が一〇七二(延久四)年に行った枡の公定。容積は『伊呂波字類抄《いろはじるいしょう》』によれば、京枡の六合二勺余になる。公家《くげ》・寺社関係の計量にしばしば使用され、鎌倉時代になると、京都のみならずほぼ全国的に使用された。

司に納入してもらう方法をとることもある。このように、荘園領主の協力が必要になる。

一国単位の土地台帳である大田文《おおたぶみ》で現存するものは、すべて鎌倉時代以降のものである。しかし、延久の記録所の活動が、土地台帳作成作業に酷似していることから、石井進はこの時すでに大田文に相当するものが作成されたと推定している。延久の荘園整理令と記録所が、中世の土地制度、ないしは社会制度の出発点とされる理由である。

延久の宣旨枡《せんじます》▲の制定も、一国平均役徴収と関係があると考えられる。当時、国衙領中心に通用していた国枡、あるいは本枡と呼ばれる枡は、国ごとの慣習が制度化された国例と同じように、全国共通の枡ではなかった。また、荘園ごとに独自の枡が通用していたと考えられる。このように計量がまちまちでは、一国平均役のような全国的な租税徴収には不適である。後三条天皇は、みずからの御所で砂や米を入れて試したうえで、宣旨によって国家公定枡を制定したといわれている。荘園整理令、一国平均役、宣旨枡は整合性のある政策なのである。

記録所と太政官の裁判機能

一国平均役が、一〇四〇年代から国司から太政官に申請され、宣旨によって認定・賦課された。またその免除が太政官に提議されるようになった。そうなると、その土地が荘園か公領かという、荘公の境界をめぐる裁判などが、太政官に持ち込まれるのは当然のことであろう。

一〇七〇(延久二)年の「土佐国室生戸金剛頂寺《とさのくにむろうどこんごうちょうじ》別当三綱等解案《げあん》」によると、一〇四九(永承《えいしょう》四)年に石清水《いわしみず》少別当《しょうべっとう》が国司免判《めんぱん》▲をえて、石清水八幡宮《はちまんぐう》領奈半荘《なはしょう》の四至《しし》(境界)を強引に定めた。ところがその後石清水側が、数十町以上にわたって山川田畠を押妨《おうぼう》したため、一〇五一(永承六)年に金剛頂寺側は本公験《ほんくげん》▲として太政官符を提出して、本寺《ほんじ》である東寺《とうじ》に訴えを起こした。そこでさらに、東寺が後冷泉天皇にそれを奏聞《そうもん》した結果、一〇五三(天喜《てんぎ》元)年に「他妨を停止し、本公験に任せて、領知すべき官符、已《すで》におわんぬ」として、この本公験である太政官符《かんぷ》による領知が命じられている。

しかし石清水側がこれに従わなかったため、一〇六九(延久元)年ふたたび金剛頂寺側が訴え、前回と同様の太政官符がくだされた。すなわち、一〇五三、

▼**国司免判**　平安中期以降の国司が行った認可方式。所領の保証、租税の免除、荘園立券《りっけん》などに対し、国司が自己の判断で認可の文言を加え署判すること。国司が朝廷から国内行政を委任されたあり方を示すものである。

▼**本公験**　本券《ほんけん》ともいう。所《しょ》領《りょう》や所職《しょしょく》についての権利を証明する基本的な文書。新しく作成された文書に対して、もとの文書をさしていうこともある。

六九年ともに、とくに審査もなく、金剛頂寺側の訴えがそのまま認められ、土地所有権が訴えた側に確定されたのである。ところが、石清水側は納得せず、相論は決着しなかった。一〇七〇年の解案によると「各所帯公験を対問せられ」とあるので、公験、石清水側の国司免判と金剛頂寺側の太政官符を両方提出させて実質的な審査を求めるものとなっている。

大和国《やまとのくに》万《ま》弓郷《ゆみのごう》をめぐる国司・高市郡司《たかいちぐんじ》と東大寺別当威儀師《いぎし》最秀《さいしゅう》との相論が記されている一〇六九年の宣旨もある。それは国司側の訴えに対し、最秀に事情を陳状させる「問《とい》宣旨」となっている。

美濃《みの》国大井《おおい》・茜部荘《あかなべのしょう》では、美濃国司とのあいだに相論があった。まず荘園領主の東大寺《とうだいじ》が美濃国司の検田使《けんでんし》▲入部などの停止を太政官に求めたため、それを認める一〇六一(康平《こうへい》四)年の官宣旨案がくだされた。ところが、国司側は検田使入部のうえで、荘域確定の国司免判をくだしてきたのだと反駁し、証拠となる文書を東大寺側に提出させてほしいと要求した。その結果、約二カ月後の官宣旨案では、太政官が東大寺に国司免判を提出させ、それを確認したうえで検田使入部停止を命じている。

▼**検田使**　律令制のもとで、国司が田租《でんそ》徴収のために国内の田地に派遣した土地調査官。十世紀以降、荘園整理令が出ると、国司は不輸権《ふゆけん》をもつ荘園において新田《しんでん》などの摘発を行うため、検田使をしばしば派遣する。これを拒否する権利を不入権という。なお、荘園領主が派遣する検注使《けんちゅうし》を検田使と呼ぶこともある。

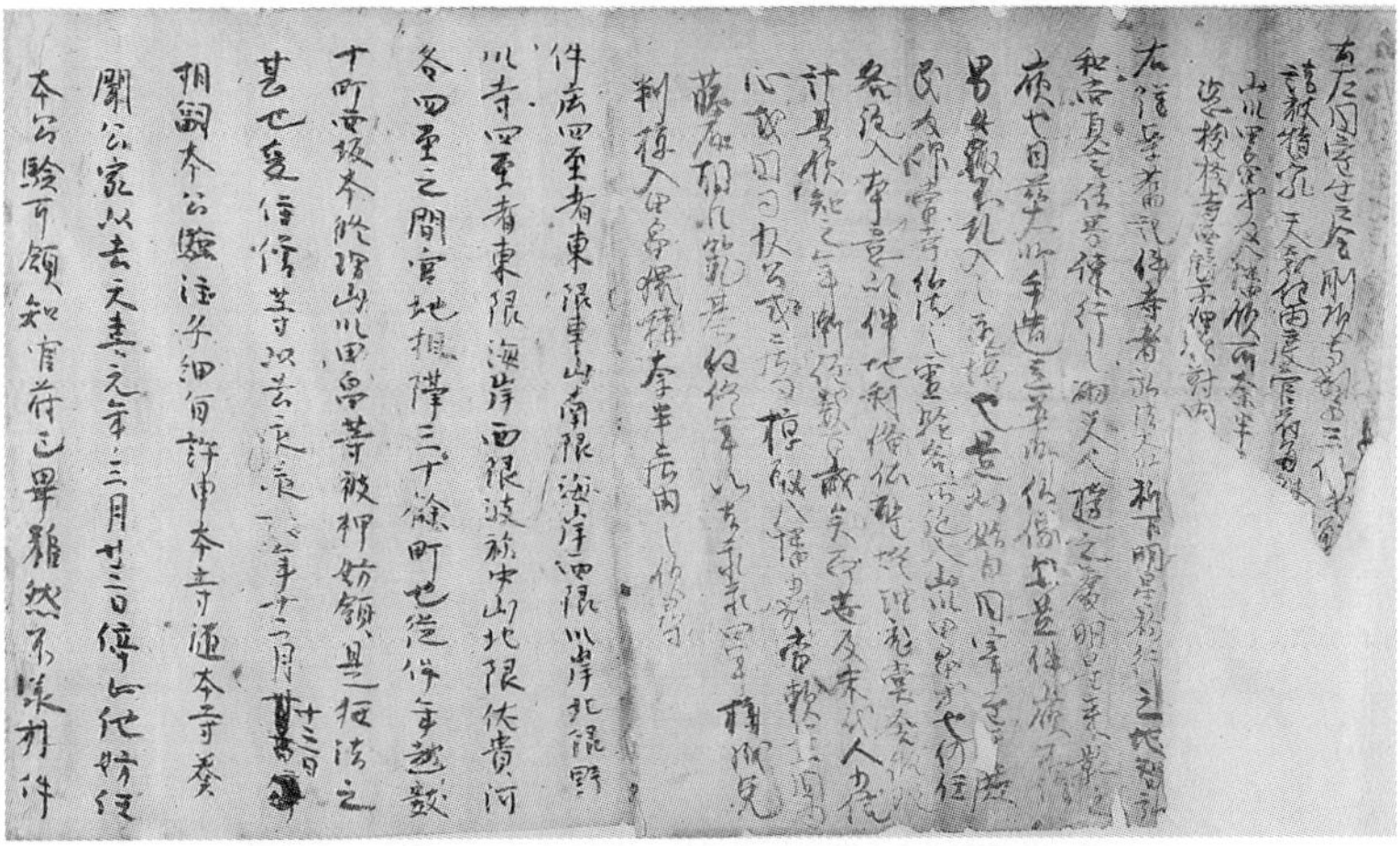

延久２(1070)年７月８日土佐国室生戸金剛頂寺別当三綱等解案の部分(東寺百合文書)

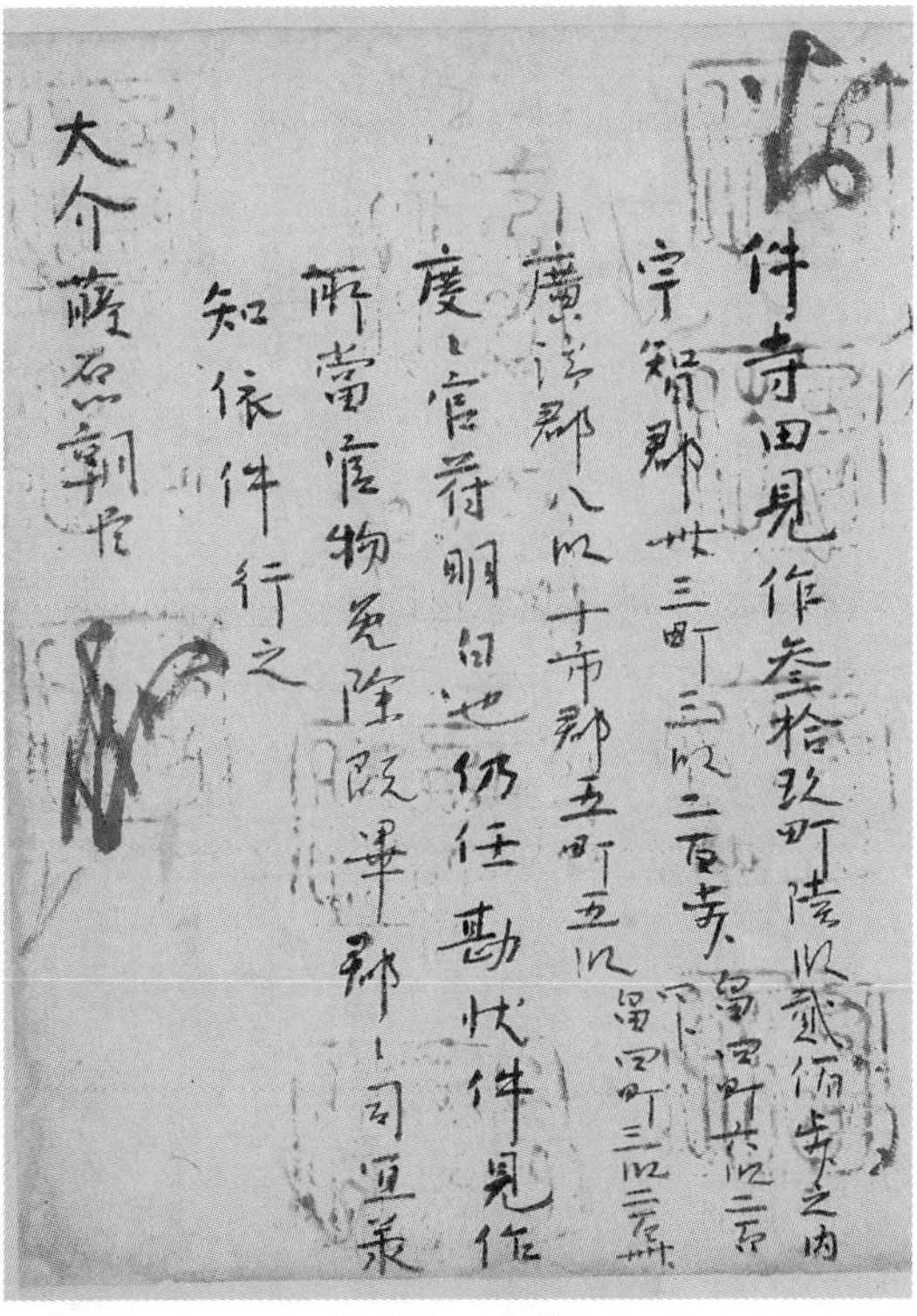

万寿２(1025)年11月５日栄山寺牒(栄山寺文書)の国司免判の部分

しかし、延久年間(一〇六九～七四)にいたっても、国司との相論は決着をみなかった。田畠収公をめぐって、東大寺が美濃国司を訴え、国司の陳状《ちんじょう》に基づいて、東大寺に再度田畠加納《かのう》の子細を問う一〇七〇年の官宣旨写《うつし》が残っている。翌年六月三十日に、裁許の太政官符が美濃国司に、太政官牒《かんちょう》が東大寺に発給されている。それらは、延久三(一〇七一)年五月十四日の記録所勘奏《きろくじょかんそう》に基づいており、そこに前年に出された官宣旨写に引用されたものと同じ国司陳状が引かれている。記録所での文書審査をへた勘奏が、相論の裁許状である太政官符・太政官牒に用いられているのである。

延久の記録所は、荘園文書審査機関である。内裏造営による一国平均役徴収を円滑化するため、領域型荘園を朝廷が認める目的で設置された。記録所自体に、当初から所領相論の裁判機能が期待されたわけではない。しかし、荘園領有をめぐって、国司と権門《けんもん》▲、あるいは権門間で相論が繰り返されている場合、その領主や領域などの確定には、相論の審査が必要となってくる。こうして、記録所の機能に、裁判機能が付随することになる。

当事者から相論裁許を求められた太政官は、おもに弁官局《べんかんきょく》を中心に、その文

▼**権門**　権門勢家のこと。政治的、社会的に特権をもつ権勢のある門閥《もんばつ》や家柄のことである。黒田俊雄の「権門体制論」という学説によって、中世国家を構成する公家権門・寺社権門・武家《ぶけ》権門として、荘園領主である王家や摂関家、延《えん》暦寺《りゃくじ》や興福寺《こうふくじ》などの大寺社、幕府(武家棟梁)をさす用語として重視されるようになった。

書審査を行おうとした。しかし、弁官局における審査体制は十分ではなく、その審査が事実上、あらたに設置された記録所によって担われることになったのである。そのために、相論の裁許状の性格をもった官宣旨などが、その文面上に記録所勘奏を引用することになったのだと考えられる。のちに、天永《てんえい》の記録所が設置された時、当初から国司と本所《ほんじょ》間の相論を取り扱うとされたのは、このためである。

臨時の組織であった延久の記録所の活動が確認されるのは三年ほどであり、一〇七二(延久四)年末頃には停止する。その相論審査機能を継承したのは、太政官の事務方、弁官局であると考えられる。下向井龍彦は、後期王朝国家における太政官係属相論では、「官底勘状《かんていかんじょう》▲」「明法勘文《みょうほうかんもん》▲」「官問注記▲」「官使注文▲」など、いくつかの審理手続が併存していたというが、実際にはこの延久以後それは本格化するのである。棚橋光男も、一〇八〇年代以降、公卿《くぎょう》会議である陣定《じんのさだめ》における訴訟裁決機能の充実を指摘しており、時期的にも合致する。弁官局を中心とした文書審査、当事者への問注などに基づき、訴訟事案が陣定で審議され、さらに天皇の裁許によって確定することになる。こうして、天皇権力は訴訟裁

▼**官底勘状**　太政官、とくに弁官の下級事務局である官文殿《かんのふどの》を官底と呼ぶ。その報告書のこと。

▼**明法勘文**　さまざまな事件や問題などの法的措置について、朝廷の命令によって明法《みょうほう》博士らが作成・提出した意見書。

▼**官問注記**　平安中期以降の太政官裁判に際して、弁官や史《し》が原告・被告両当事者を召喚し、その主張を聴取することを官問注といったが、その結果を問答形式で記録したものが官問注記である。

▼**官使注文**　太政官から相論の起きている現地に派遣された官使が作成した上申《じょうしん》文書。相論当事者を現地に召喚して検注を実施し、その結果を記録した。

決の面においても、格段に強化される。

内廷経済の充実

　内廷《ないてい》経済の充実のため、さまざまな施策が講じられた。橋本義彦によると「後三条院勅旨田《ちょくしでん》」の設定なども、当然この内廷経済の充実をめざしたものであった。勅旨田は、天皇の勅旨によっておかれた墾田《こんでん》のことで、奈良末〜平安初期に大量に設定されたが、とくに九世紀初頭がもっとも多く確認される。初期荘園が畿内《きない》・近国《きんごく》中心なのに対し、全国的に分布していた。広大な空閑地・野地・荒廃田が占拠され開墾された。経営は所在国の国司が担当し、公水・公稲を用いた不輸租田で、班田《はんでん》農民や浮浪人が動員された。墾田開発事業の性格が強いとも指摘される。延喜《えんぎ》の荘園整理令以降は、しばしば禁圧の対象となった。後三条天皇は一転して、その拡大につとめた。

　また、令制《りょうせい》官田の更新である大炊寮《おおいりょう》御稲田《みいねだ》というものが、諸国におかれた。御稲田供御人《くごにん》▲の設定も後三条の時にさかのぼると推定されている。こうして、宮内省（大炊寮）—国司（郡司）—省営田《しょうえいでん》という御稲徴収ルートの衰退に対して、

▼**御稲田供御人**　宮内省大炊寮の所管する供御田が御稲田である。宮内省（大炊寮）—国司（郡司）—省営田という従来の御稲徴収ルートは、律令体制の衰退により維持困難となり、後三条天皇は山城《やましろ》・摂津《せっつ》・河内《かわち》三カ国に料田《りょうでん》を設置した。またのちの記録に見える河内国の石川御稲田供御人も、後三条の時にさかのぼっておかれた可能性がある。

大炊寮—供御人—御稲田というルートがとってかわった。

内蔵《くら》寮▲経済の充実にも新しい方式が導入された。内廷経済の最大機構は内蔵寮であったが、その長官である頭《かみ》は古くから上流貴族が任じられてきた。ところが「近代御服美麗にして、寮納不足」つまり天皇の服が美麗となって、内蔵寮経済が枯渇したため、但馬守《たじまのかみ》藤原顕綱《あきつな》が内蔵頭に任じられて以来、受領《ずりょう》が任じられるのが通例となった。つまり、受領に内蔵頭を兼任させ、その財力をもって内蔵寮経済を担わせるようになったのである。

▼**内蔵寮**　中務《なかつかさ》省の下にあった令制官司。天皇の財宝の保管、天皇所用の物品の調達・保管などを行った。内廷経済の枢要を担う官司として重視され、内蔵頭には蔵人頭《くろうどのとう》や弁官・近衛《このえ》中将をへた天皇側近の上流貴族が任ぜられるのが例であった。院政期になると納入不足を補うため、中・下級貴族出身の受領が兼任する場合が多くなる。

④―東北支配と河内・大和源氏

前九年合戦後の河内源氏

出羽国《でわのくに》の豪族清原武則《きよはらのたけのり》▲が、苦戦する陸奥守《むつのかみ》兼鎮守府将軍《ちんじゅふしょうぐん》▲源頼義《みなもとのよりよし》▲を助け、安倍貞任《あべのさだとう》▲を討ったのは、一〇六二(康平《こうへい》五)年のことである。その戦いが「前九年合戦《ぜんくねんかっせん》」とか「前九年の役《えき》」とかいわれるが、実際には一〇五一(永承《えいしょう》六)年から一二年にわたって繰り広げられた抗争である。

一〇六三(康平六)年二月、安倍氏追討の功で、頼義は正四位下伊予守《しょうしいげいよのかみ》、その子義家《よしいえ》▲は従五位下《じゅごいげ》出羽守に任じられた。義家の弟義綱《よしつな》も左衛門尉《さえもんのじょう》に任じられている。一方、清原武則は鎮守府将軍に任じられ、本拠地である出羽山北《せんぼく》三郡(雄勝《おがち》・山本《やまもと》・平鹿《ひらか》)に加えて、安倍氏の陸奥国奥六郡《おくろくぐん》(胆沢《いさわ》・江刺《えさし》・和賀《わが》・志波《しわ》・稗貫《ひえぬき》・岩手《いわて》)を手に入れた(五八ページ図版参照)。

前九年合戦において、頼義は安倍氏追討の官符《かんぷ》を受け、諸国から公的に兵士を動員した。しかし、その勝利は清原氏の助けを借りて、ようやくなされたものであった。そのために、河内源氏《かわちげんじ》は奥州《おうしゅう》において独自の勢力基盤を有するこ

▼**清原武則**　生没年不詳。平安中期の出羽国山北の俘囚長《ふしゅうちょう》。前九年の役で陸奥守源頼義に協力し一〇六二(康平五)年、安倍氏を滅ぼした。翌年、従五位下鎮守府将軍に任じられ、安倍氏旧領をあわせて奥羽二州に基盤をつくった。

▼**鎮守府将軍**　鎮守府は古代陸奥国におかれた軍政府。奈良時代は陸奥国府のある多賀城に並置されたが、坂上田村麻呂《さかのうえのたむらまろ》によって胆沢城に移された。奈良時代には陸奥守との兼任が多かったが、十世紀には分離される。しかし、清原武則や貞衡を例外として、前九年合戦以降はふたたび陸奥守の兼任となる。十二世紀後半には消滅するが、十四世紀の足利尊氏《あしかがたかうじ》、北畠顕家《きたばたけあきいえ》の任命によって、一時復活する。

▼**源頼義**　九八八〜一〇七五年。源頼信《よりのぶ》の男。一〇五一(永承六)年陸奥の安倍頼時《よりとき》が背くと、頼義は陸奥守として降伏させ、五三(天《てん》

とがたいへん困難であった。

合戦終結後、生産力の高い伊予国の国守《こくしゅ》となった頼義ではあるが、実際には任国《にんごく》に赴かずに、在京したらしい。京都では合戦で功労をあげた武士たちのための恩賞《おんしょう》獲得に奔走し、朝廷の不興を買ったという。また、伊予国の官物《かんもつ》を二年ほど滞納し、私財で補てんしたという。すでに八〇歳に近い高齢であった頼義は、『古事談《こじだん》』によると、戦没者の供養のため「耳納堂《みのうどう》」を建立して、念仏三《ねんぶつざん》昧《まい》の日々を送った。

出羽守に就任した義家は、合戦終了から二年後の一〇六四(康平七)年越中《えっちゅう》守への転任を希望している。出羽国が、父の任国である伊予国と遠く離れているため、孝養をつくせないというのが理由である。だがこれは、野口実の指摘するように、「孝養云々」は口実で、出羽国が前九年合戦の事実上の勝利者である清原氏の本拠地で、国内支配が思うにまかせなかったためであろう。

貞衡か真衡か

源頼俊《よりとし》が陸奥守に就任した一〇六七(治暦《じりゃく》三)年、源頼義が伊予守の任を解

喜《ぎ》元)年に鎮守府将軍となる。しかし、頼時がふたたび反旗をひるがえしたため、それを討つが、子の貞任らの抵抗に長く苦戦する。

▼**安倍貞任**　一〇二九?〜六二年。安倍頼時の男。一〇五六(天喜四)年、陸奥守源頼義と戦端を開く前九年合戦を起こした。翌年父が戦死してからは、安倍氏総帥として黄海《きのみ》合戦で頼義を破った。一〇六二(康平五)年に出羽の清原氏が頼義に加担して、本拠の厨《くりや》川柵《がわのさく》で敗死した。

▼**源義家**　一〇三九〜一一〇六年。源頼義の男。前九年合戦に父に従って参戦。一〇七〇(延久二)年、陸奥で藤原基通を追捕後、京都の治安維持にあたる。陸奥守兼鎮守府将軍として赴任後、清原氏の内紛を鎮定した(後三年《ごさんねん》合戦)。だが、朝廷はこれを私戦として恩賞をあたえなかった。

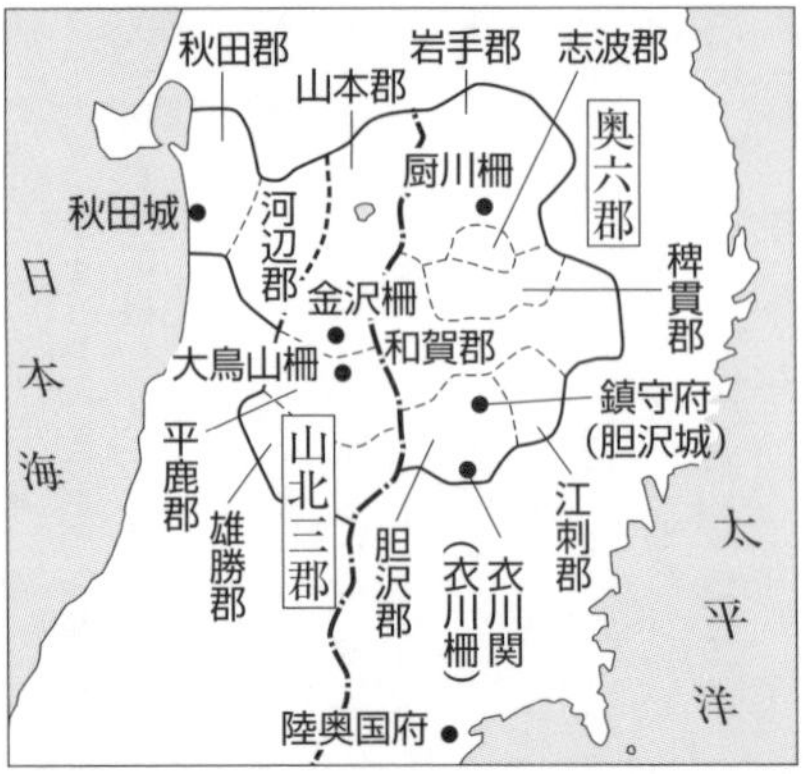

奥六郡と出羽山北三郡(斉藤利男『奥州藤原三代』より)

『前九年合戦絵詞』 上:安倍貞任の軍勢。下:源氏の行軍,左から2人目が義家。

かれた。頼義のもとに抑留されていた安倍宗任《むねとう》・家任《いえとう》も陸奥国への帰国の願いを断たれ、伊予国から大宰府《だざいふ》に移された(『百練抄《ひゃくれんしょう》』)。安倍氏本宗家《ほんそうけ》を継承する資格をもつ宗任を擁立し、奥六郡を手中におさめようとする野心を朝廷に疑われたともいわれる。河内源氏の頼義は無官となり、かわって大和《やまと》源氏の頼俊が陸奥守となったことは重要であろう。

一〇六八(治暦四)年に後三条天皇が即位して、朝廷で積極的な荘園《しょうえん》整理政策が行われ、内裏《だいり》・大《だい》内裏の再建が進められている頃、東北で大きな動きがあった。陸奥守頼俊のもとに、清原貞衡《さだひら》が奥六郡・山北三郡や海道《かいどう》諸郡から軍兵を集め、「衣《え》曽《ぞ》別嶋《わかれじま》」(北海道)や「閉伊《へい》七村」(岩手県沿岸中部)の「荒夷《あらえびす》」▲を討つ軍事行動を起こしたのである。この出兵が天皇の命令によるものであったかどうかについては、意見がわれている。また、貞衡についても、「真衡《さねひら》」の誤記として、清原武則の嫡孫真衡のことであるという説もある。

まず貞衡を「真衡」の誤記とする新説であるが、樋口知志が詳細に反論するように、成り立ちがたいと考える。当該部分とは応徳《おうとく》三(一〇八六)年正月二十三日前陸奥守源頼俊申状《もうしじょう》の宮内庁書陵部蔵柳原本《やなぎはらぼん》写本の読みについての小口雅

▼**荒夷** 都《みやこ》の人が東国人《とうごくにん》を卑しめていった語。荒々しい人、とくに、粗暴な東国人。また、勇猛な東国武士のことをさすこともあり、地域や対象をとくに限定するわけではない。

源氏略系図

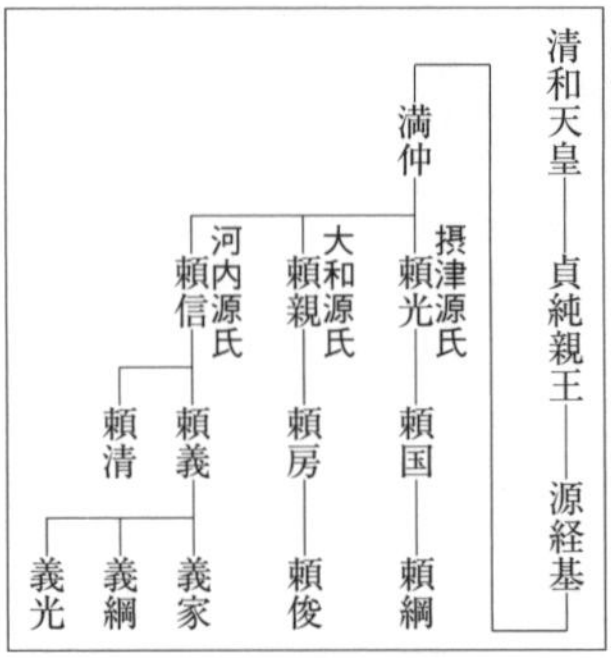

安倍氏・清原氏・海道平氏略系図

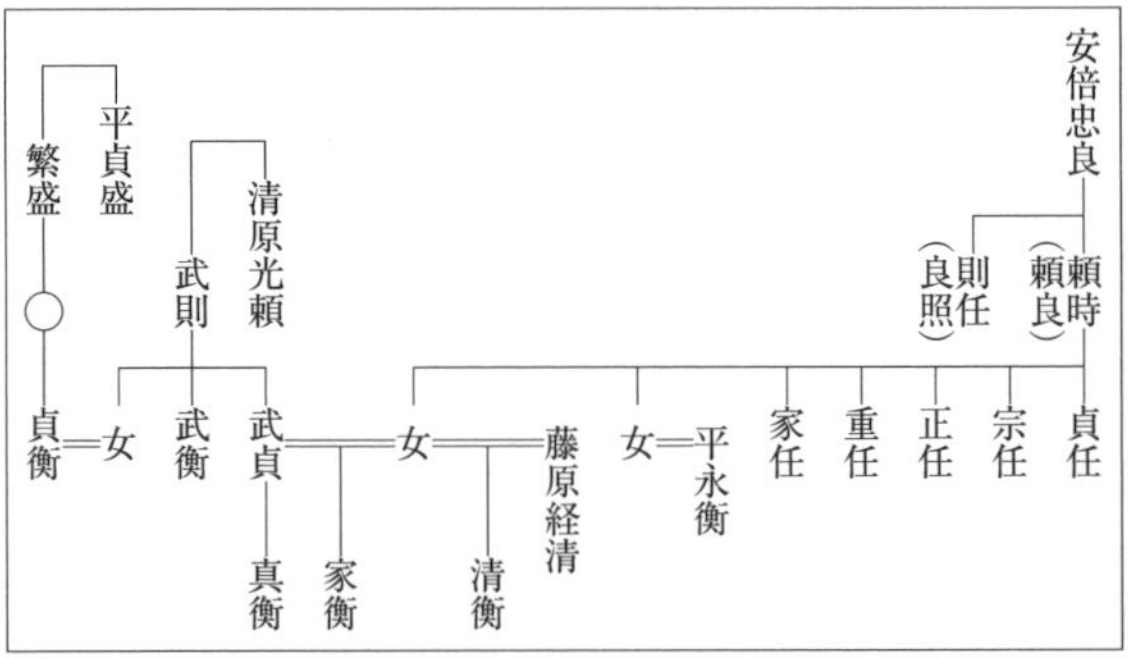

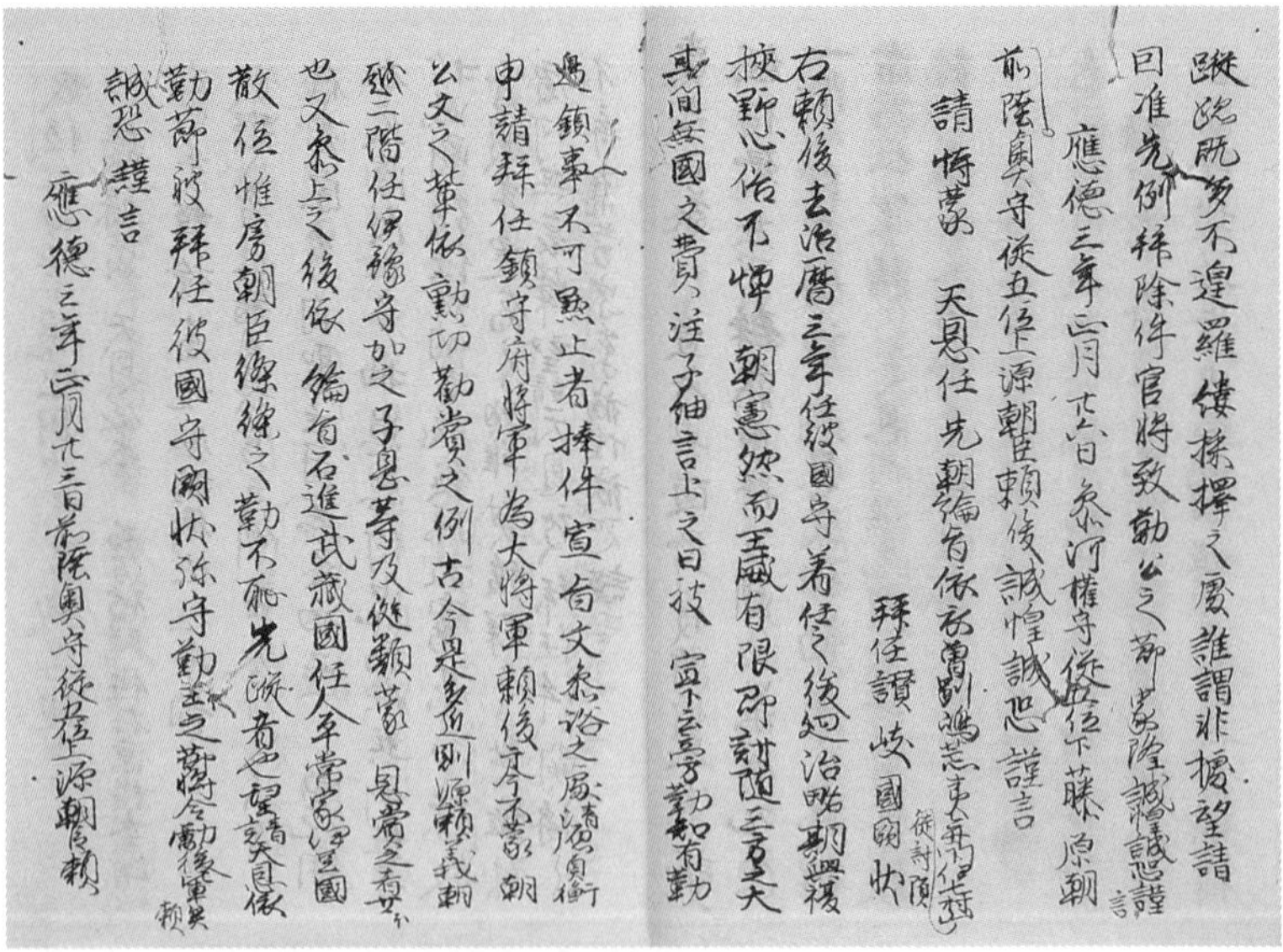

応徳 3 (1086)年正月23日前陸奥守源頼俊申状

史の異論が発端となっている。この写本の貞衡の部分を「真衡」と読むことはかなり困難である。さらに、『御堂御記抄《みどうぎょきしょう》』に「裏ノ反古《ほご》」（「記ノ裏」）として載せられた六写本の字体を比較して、「真衡」説を補強するが、いずれも貞衡と読むほうが妥当であろう。

　このように、貞衡を「真衡」と読む説が一定の支持を受けたのは、「清原貞衡」という人物がこの史料にしか登場しないからである。しかし、野口実が信憑性の高い史料として重視する『桓武平氏《かんむへいし》諸流系図』（中条家《なかじょうけ》文書所収）に平貞盛《たいらのさだもり》の弟繁盛《しげもり》の孫として記される「貞衡」が注目されている。この貞衡について、樋口は次のように推測する。本来、海道平氏▲嫡流の出身で、陸奥国南部の太平洋沿岸に勢力を張っていたものが、清原武則によって嫡女の婿に迎えられて清原姓を称し、さらに武則の跡を襲って鎮守府将軍になったものではなかろうか、と。さらに、平武衡《たけひら》も、もとは清衡《きよひら》らの「伯父」（武則の三男）として清原氏の人であったが、貞衡とは逆に清原氏から海道平氏の娘婿として迎えられ、平姓を名乗っていたのではないかとして、清原氏と海道平氏とのあいだの猶子交換を推定する。従うべき見解であろう。

▼**海道平氏**　平将門《まさかど》の乱《らん》を平定した平貞盛の弟である繁盛流の子孫で、陸奥国南部太平洋岸に勢力を有した一族。

延久合戦をめぐって

陸奥守源頼俊と清原貞衡が軍事行動を起こした先は、「衣曽別嶋」(北海道)や「閉伊七村」(岩手県沿岸中部)の「荒夷」であった。陸奥国府は現在の仙台近郊の多賀城《たがじょう》であったから、北方への大遠征である。おそらく、海道平氏出身の清原貞衡が奥六郡・山北三郡に加えて海道諸郡から軍兵を集めて行われたと考えられる。

この戦いについて、遠藤巌は『皇代記《こうだいき》』延久《えんきゅう》元(一〇六九)年五月条にみえる石《いわ》清水八幡宮《しみずはちまんぐう》▲での紺泥大般若経供養《こんでいだいはんにゃきょうくよう》を、即位後まもない後三条天皇が頼俊による東夷《あずまえびす》追討を祈願したものと解釈した。そのうえで、応徳《おうとく》三(一〇八六)年正月の前陸奥守源頼俊申状の事書に「先朝綸旨《りんじ》に任せて」征東を行ったとあることから、在位中の白河《しらかわ》天皇の「先朝」である後三条天皇が命令をくだしたとする。また、延久三(一〇七一)年五月の官宣旨《かんせんじ》の本文の直前に「追討人、後の仰せに随い、参上すべき宣旨」とあるのも、それの傍証になるとした。

この説について、樋口は『皇代記』の記事には「頼義、東夷を征討するの故也」とあることから、石清水での供養は原文どおり源頼義による安倍氏追討の検証

▼**石清水八幡宮**　京都府八幡《やわた》市の男山《おとこやま》に鎮座する。八五九(貞観《じょうがん》元)年九州の宇佐宮《うさぐう》から勧請《かんじょう》された。神社と神宮寺《じんぐうじ》である護国寺《ごこくじ》が一体となった宮寺《みやでら》形式をとっている。源頼信が一〇四六(永承元)年に願文《がんもん》をおさめてその加護を祈願して以降、八幡神が源氏の氏神《うじがみ》となり、頼義・義家父子をはじめとする源氏一族の活躍とともに各地に勧請されていった。頼朝による鶴岡《つるがおか》八幡宮はその好例である。

石清水八幡宮

▼**在庁官人**　平安後期から鎌倉時代にかけて、諸国国衙を実質的に運営した役人。国内の有力者が任用され、平安末期以降は多くが武士化していった。

▼**印鎰**　印判と鍵のこと。この場合、印鎰を奪うこととは、国衙の権限を奪うことを意味し、国家に対する反乱とみなされる。

の意を含んだ追善供養と解釈すべきだとする。その点も首肯すべきである。ただし、頼俊の「申状」と「官宣旨」ともに、頼俊が天皇の追討命令を受けて東夷征討を行ったことを明示する文言はないとして、頼俊の軍事行動が受領《ずりょう》のフリーハンドによる自律的な戦闘行為だったとするのはむずかしいと思う。

陸奥国は重要な馬の産地であり、北海道との交易でえられる鷲の羽や海豹《あざらし》の皮は武器・武具の材料となった。河内源氏や大和源氏の軍事貴族にとって、それらは喉から手が出るほどのうまみのある土地であった。運よく陸奥守となっていた源頼俊は、必ずしも後三条とのつながりが深いわけではなかったが、大規模な遠征の機会をえたのである。しかし、河内源氏にとっては、これは大きな危機であった。東夷征討の成功によって、軍事貴族、あるいは清和《せいわ》源氏のなかでの主導権を、大和源氏に奪われる可能性が大きくなった。

藤原基通の陸奥国衙襲撃事件

そこで起きたのが、陸奥国在庁官人《ざいちょうかんじん》▲藤原基通《もとみち》が、国守頼俊の留守をねらって、国衙《こくが》を襲撃し印鎰《いんやく》▲を奪った事件である。陸奥守として、滕元の国衙襲撃は看過できない事態であり、頼俊は貞衡に北方の征討を委ねて、遠征先から引き返そうとしたらしい。実際に頼俊自身は延久二(一〇七〇)年十二月の解状《げじょう》で、みずからが基通を追討したと主張している。だが、事実は異なり、事態を収拾することはできなかったようである。

こうした場合、隣国の国司《こくし》が救援にかけつけるのが通例であった。たまたま、下野守《しもつけのかみ》であった義家は、隣国の陸奥国衙へと向かった。遠藤・樋口とも、陸奥国衙を襲撃した基通は、義家の息のかかった在庁官人だと推測している。義家はたちまちに基通を降参させて、身柄を拘束して面縛し上洛《じょうらく》した。すんでのところで、義家は陸奥国における軍事貴族の立場を、大和源氏の頼俊に独占されるのを避けることができたのである。

義家が一〇七〇年中には上洛を果たしたのに対し、頼俊の上洛は大きく遅れた。一〇七〇年の解状によると、来春と述べているが、延久三(一〇七一)年五月の官宣旨では、さらに後三条天皇からの命令を待つことが伝えられている。頼俊は我慢しきれず、清原貞衡とともに、一〇七一年六、七月頃には上洛したと樋口は推定している。それより、遅れた可能性もある。もっとも早く見積もっても、義家上洛よりも半年以上遅れている。八月には、都で義家が捕縛した基通に対する勘問が行われていた。頼俊の上洛以前に、事件に関する朝廷での審査は進んでいたと考えられる。

結果として、清原貞衡に恩賞として鎮守府将軍の地位があたえられるが、頼俊には何もあたえられなかった。基通による国衙襲撃を収拾できなかったため、頼俊の東北経営での功績は認められなかったのである。ただし、このあと、頼俊は後三条天皇の命令で、「武蔵《むさし》国住人平常家《つねいえ》」と「伊豆《いず》国住人散位《さんみ》惟房《これふさ》朝臣《あそん》」らの身柄捕縛を行っている。それでもなお、あらたな国守の地位をあたえられることがなく、大和源氏はその地位を大きく低下させることになる。

⑤—円宗寺と円融寺陵

四円寺とは

後三条天皇の御願寺《ごがんじ》▲円宗寺《えんしゅうじ》の近辺には、天皇の御願寺として、すでに円融《えんゆう》天皇▲の円融寺、一条《いちじょう》天皇の円教寺《えんぎょうじ》、後朱雀《ごすざく》天皇の円乗寺《えんじょうじ》が建てられていた。これらの四寺院は、いずれも仁和寺《にんなじ》の近辺に立地し、「円」の字を冠していることから、四円寺《しえんじ》と総称されている。杉山信三は、次のように述べている。

円融寺は、もともと九六七(康保《こうほう》四)年に仁和寺別当《べっとう》となった寛朝《かんちょう》の住房が発展したもので、九八三(永観《えいかん》元)年に円融天皇の御願寺となった。七仏薬師《しちぶつやくし》などを安置した住房と池、そして法華堂《ほっけどう》を備え、やや遅れて九九〇(正暦《しょうりゃく》元)年に五重塔が供養された。円融天皇は九八四(永観二)年に譲位し、翌年に出家、この寺に住んだ。この経緯をみるかぎりは、円融天皇が譲位・出家後の隠遁の地として整備した性格が強いように思える。場所は衣笠山麓《きぬがささんろく》と伝えられ、のちに徳大寺実能《とくだいじさねよし》が山荘を営み、その御堂《みどう》が徳大寺となった。さらに室町時代になって龍安寺《りょうあんじ》が建てられた。龍安寺の広大な園地は円融寺の名残ではないかともい

▼**御願寺**　皇族を檀越《だんおつ》とする皇族の私寺で、祈願所や菩提所として営まれた。平安時代に盛行する。天皇御願のみならず、上皇・皇后・親王《しんのう》らのものも多い。仁和寺、醍醐寺《だいごじ》、円融寺などの四円寺、法勝寺をはじめとする六勝寺などが代表的である。

▼**円融天皇**　九五九〜九九一年。在位九六九〜九八四年。村上天皇の第五皇子。母は藤原師輔の女安子。源高明《たかあきら》の女所生の兄為平《ためひら》親王を越えて皇太子となり、安和《あんな》の変《へん》で高明が失脚した年に即位した。譲位後は円融寺の経営や多くの御幸を行い、花山・一条天皇の政治に口入することもあった。

われている。

円教寺は、九九八(長徳《ちょうとく》四)年に寛朝を導師として供養された。一〇一八(寛仁《かんにん》二)年に焼亡し、大御室性信《おおおむろしょうしん》▲によって三四(長元《ちょうげん》七)年に再興された。伽藍《がらん》の状況ははっきりとはわからないが、一〇一二(寛弘《かんこう》九)年、一条天皇の周忌法事が営まれた時の『小右記《しょうゆうき》』に西廊・東廊・南大門《なんだいもん》などが確認され、焼亡の時の記録によると「御塔・幢《どう》・僧房《そうぼう》等」があったという。創建時と再興時の伽藍はほとんど同じ構成であったと推定され、丈六大日如来《じょうろくだいにちにょらい》・薬師《やくし》・釈迦《しゃか》仏像各一体、彩色六天像各一体を安置した御堂あるいは僧房、西廊、東廊、南庭には高座礼盤《こうざらいばん》などを立て、御塔と南大門を備えた寺院が想定されている。不明な点も多いが、寺院の規模としては、僧房と御塔があることから円融寺と同じようなものだったのかもしれない。ただし、円教寺には池はなかったようである。場所は西《にし》京極《きょうごく》の西、一条末、つまり現在の谷口円成寺町《たにぐちえんじょうじちょう》辺りと考えられている。

円乗寺は後朱雀天皇の御願寺とはいうが、天皇が亡くなって一〇年後の一〇五五(天喜《てんぎ》三)年に供養されており、やや異例である。円教寺内の新堂として、その西側に建立されたらしい。『扶桑略記《ふそうりゃっき》』▲によると、金色《こんじき》丈六釈迦如来、普《ふ》

▼**大御室性信**　一〇〇五〜八五年。三条天皇の東宮時代に第四子として生まれる。親王宣下《せんげ》ののち、仁安寺で出家、受戒する。仁和寺二代門跡のほか、円宗寺長吏《ちょうり》・法勝寺検校《けんぎょう》などをかねた。

▼**『扶桑略記』**　阿闍梨皇円《あじゃりこうえん》編の私撰編年体歴史書。成立は一〇九四(嘉保《かほう》元)年以降の堀河《ほりかわ》天皇の時代。記事は神武《じんむ》天皇から堀河天皇までで、仏教関係が多い。引用史料を明記しているものも多いが、その多くが今日伝来しないため、史料的価値が高い。

賢《げん》・文殊《もんじゅ》・延命《えんめい》・如意輪《にょいりん》菩薩《ぼさつ》像が各一体安置されていたという。ほかに厥大《けつだい》門《もん》・廻廊《かいろう》・経蔵《きょうぞう》・鐘楼《しょうろう》などがあり、一〇六八（治暦《じりゃく》四）年には五大堂《ごだいどう》▲が造立されたという。寺院としては、当初、円融寺・円教寺に比して小規模だったようだが、しだいに拡充されていった。創建時は後冷泉《ごれいぜい》天皇の時代、五大堂造立はその弟の後三条天皇の時代であるから、両天皇が父帝後朱雀の菩提をとむらうために営んだと考えるべきかもしれない。

円宗寺の創建

円宗寺は仁和寺の近辺、おそらく東南と推定される地に建立された後三条天皇の御願寺である。ただし、その場所については正確にはわかっていない。一〇七〇（延久《えんきゅう》二）年十二月に、金堂《こんどう》・講堂《こうどう》・法華堂が供養された。翌年六月に、常行堂《じょうぎょうどう》と灌頂堂《かんじょうどう》が供養され、さらに後三条の死後かなりたった一一一五（永《えい》久《きゅう》三）年三月に五大堂が供養された。当初は円明寺《えんみょうじ》と名付けられたが、第二次造営供養の時、円宗寺と改名された。

円宗寺の伽藍は、二丈（約六メートル）の金色大日如来を本尊とする金堂以下、

▼**五大堂**　不動《ふどう》・降三世《ごうざんぜ》・軍荼利《ぐんだり》・大威徳《だいいとく》・金剛夜叉《こんごうやしゃ》の各明王《みょうおう》を安置する堂。不動尊を中央におき、他の四尊を四隅または四方に配する場合と、不動尊の左右に二尊ずつを配する場合とあった。

大日如来像（円成寺）　一一七六年、運慶《うんけい》の作。

講堂・法華堂・常行堂・灌頂堂・五大堂などを備えた堂々たるものであった。平岡定海や杉山信三は、円融寺・円教寺・円乗寺と比較した場合、円宗寺は規模が大きく、仁和寺の子院と考えるよりも、本寺《ほんじ》としての性格を有しているとした。そして、円宗寺こそ、白河《しらかわ》天皇が白河に造営した諸寺、つまり法勝寺《ほっしょうじ》以下の六勝寺《ろくしょうじ》▲の先例となったとしている。

また、平雅行は円宗寺の法華会・最勝会《さいしょうえ》▲が、のちの白河天皇の法勝寺大乗《だいじょう》会《え》とともに、北京三会《ほっきょうさんえ》として天台僧《てんだいそう》昇進ルートに位置づけられることに注目し、天皇個人の祈願を行う他の三円寺とは異なって、円宗寺が「国家的法会」を行う「国家的寺院」であるとした。まさに円宗寺の大伽藍は、この「国家的寺院」にふさわしい規模とされる。

ところが、最近、黒羽亮太は、そのような円宗寺の位置付けに修正を求めた。まず、大規模であるとされていた円宗寺の伽藍は、たとえば五大堂は後三条天皇の死後、はるかのちの白河院政《いんせい》期に建立されたものであり、一方、円融寺の伽藍としては五重塔や法華堂のほかに、真言院《しんごんいん》の存在が確認される、とした。しかも、円乗寺は後朱雀天皇の御願寺とはいっても、その皇子の後冷泉天皇の

▼六勝寺　平安後期の白河親《しん》政《せい》・院政期を中心に、現在の京都市岡崎《おかざき》公園付近に建てられた御願寺の総称。法勝寺（白河天皇）・尊《そん》勝寺《しょうじ》（堀河天皇）・最勝寺《さいしょうじ》（鳥羽《とば》天皇）・円勝寺《えんしょうじ》（待賢門院《たいけんもんいん》）・成《せい》勝寺《しょうじ》（崇徳《すとく》天皇）・延勝寺《えんしょうじ》（近衛《このえ》天皇）の六寺で、いずれも勝の寺がつくため、この名称がある。

▼法華会・最勝会　『法華経《ほけきょう》』『金光明最勝王経《こんこうみょうさいしょうおうきょう》』を講説する法会をそれぞれ法華会、最勝会という。法華会は東大寺《とうだいじ》・興福寺《こうふくじ》・円宗寺・延暦寺《えんりゃくじ》、最勝会は宮中御斎会《きゅうちゅうごさいえ》・薬師寺《やくしじ》・円宗寺のものが著名である。僧綱《そうごう》への昇進ルートとして、宮中御斎会、興福寺法華会・維摩会《ゆいまえ》の講師をつとめることが重要だったが、院政期に円宗寺法華会・最勝会、法勝寺大乗会《だいじょうえ》が加わり、前者の三会に対し、北京三会と呼ばれるようになった。

時代に創建され、後三条のもとで、五大堂が建立されるなど伽藍の整備が進められていた、円宗寺が突出した伽藍を有していたという評価は修正されねばならない、とする。さらに、円宗寺最勝会は後三条の死によって、長く開催が頓挫し、再開されるのは法勝寺大乗会開始のあとの一〇八二(永保《えいほ》二)年のことなのである、円宗寺の法会《ほうえ》はあくまでも後三条の時代には天皇個人の祈願と結びついたもので、この点は他の三円寺と変わらなかった、それらが「国家的法会」となったのは、次代の白河天皇の政治的意図によるものだ、というのである。

円融寺陵

九世紀の文徳《もんとく》天皇田邑陵《たむらのみささぎ》、光孝《こうこう》天皇の後《のちの》田邑陵、十世紀の村上《むらかみ》天皇の村上陵は、葛野《かどの》郡田邑郷にあった。宇多《うだ》天皇▲の大内《おおうち》山陵も、仁和寺の北にあったとされている。葛野郡田邑郷とは、四円寺のあった地域、つまり御室《おむろ》・宇多野《うだの》・鳴滝《なるたき》に比定されている。四円寺の辺りは九世紀以来の天皇陵が散在する地域であった。

黒羽亮太によると、円融・一条・後朱雀・後冷泉らの天皇の埋葬は、やや複

▼**宇多天皇**　八六七〜九三一年。在位八八七〜八九七年。光孝《こうこう》天皇の第七皇子。臣籍にくだっていたが、父の崩御《ほうぎょ》直前に親王、皇太子となり、そのまま即位した。阿衡《あこう》の紛議《ふんぎ》で藤原基経と争い、基経死後は菅原道真《すがわらのみちざね》らを重用して親政をめざし、後世「寛平《かんぴょう》の治《ち》」と呼ばれた。皇太子敦仁《あつひと》親王に譲位後は、太上天皇の尊号を受け、さらに仁和寺で出家し法皇《ほうおう》となった。

雑な経緯をたどる。まず、円融天皇は、天皇家の一門墓所とでもいうべき景観の地に、それらの墓所を管理する墓寺として円融寺を建立した。円融は冷泉天皇の皇太弟《こうたいてい》として即位したが、そのあとには冷泉の子である花山《かざん》天皇が皇位に即いた。こうした円融と冷泉の両統迭立《りょうとうてつりつ》的な状況のもとで、円融はみずからが光孝・宇多・村上という直系先祖の陵墓近くに円融寺を建立して、みずからと皇子の一条の正統性を主張したのだという。

既述のように、円融天皇は九八四(永観二)年に譲位し、翌年に病気で出家したあとは、この円融寺に居住、九九一(正暦二)年そこで没した。譲位後、みずから父の村上陵にきわめてまれな御幸《ごこう》をするほど、円融は山陵に関心をもち、円融寺北方の村上陵のかたわらに葬られた。

さらに一条天皇は、この円融の御陵近くへの埋葬を遺言していた。ところが、藤原道長《ふじわらのみちなが》はこの遺言を忘れたふりをし、その遺骨を金輪寺《こんりんじ》に安置することを計画していたという。この金輪寺は道長父母の兼家《かねいえ》と時姫《ときひめ》が葬られていた場所である。黒羽は、これを道長が一条の遺骨までも、藤原氏一門の墓所近くへと取り込んでしまう計画であったとする。

一条の亡骸は蓮台野《れんだいの》(船岡山《ふなおかやま》北西から紙屋川《かみやがわ》辺り)で火葬され、一度東山《ひがしやま》の円成寺にその遺骨が安置された。円成寺は即位前の宇多天皇、すなわち源定省《みなもとのさだみ》が幼少時に住んでいた山荘がもとになった寺である。道長は遺骨を七七日にあわせて金輪寺辺りに埋葬する予定であったが、父円融の御陵《ごりょう》近くへの埋葬を望む遺言が明らかになり、九年にもわたって円成寺に安置されたのち、その希望がかなって一〇二〇(寛仁四)年に改葬されたのだという。当初その遺骨は寺院に安置されたが、それは天皇としてははじめてであった。しかし、その形式はいまだ定着せず、最終的には堂舎ではなく屋外に埋葬された。

一条天皇の死後、即位したのは三条《さんじょう》天皇であり、道長はこの三条との確執に悩まされた。一条の遺言を道長が無視できなかった理由も、その辺りにあるのだろう。結局、一〇一七(寛仁元)年の三条上皇《じょうこう》の死によって、その対立は終ったわけだが、道長としても三条の皇子敦明《あつあきら》親王を東宮《とうぐう》の座から排除し、その後「小一条院《こいちじょういん》」という院号を授けて、厚遇した。敦明にかわって東宮の座に就いた敦良《あつなが》(後朱雀天皇)は、一条天皇の皇子で後一条《ごいちじょう》天皇の弟であった。母は後一条と同じく道長の女彰子《むすめしょうし》である。道長にとって、外孫の天皇と東宮の安泰は重要であり、そのためにも一条天皇の遺言にむげにさからうことはできなかったのであろう。

このようにみてくると、後三条には摂関家《せっかんけ》の影響力を排除しようとする意図とともに、円融・一条・後一条・後朱雀・後冷泉と続いてきた「円融皇統」の正統な継承者であろうとする意志があったのではないかと推察される。円融天皇の円融寺、一条天皇の円教寺、後朱雀天皇の円乗寺のあと、それらの近辺に円宗寺を建てたのも、その意図と関係があるだろう。しかも、黒羽によると、一条のみならず、一〇四五（寛徳《かんとく》二）年、後朱雀も香隆寺《こうりゅうじ》の乾原《かんげん》での火葬後、円教寺に遺骨が安置された。一〇五五（天喜三）年、円教寺内の新堂として後朱雀御願の円乗寺が建てられたが、その堂内に遺骨が移された形跡はなく、山陵としての「円乗寺」陵（「仁和寺山陵」とも）に埋葬された。後冷泉も一〇六八（治暦四）年、船岡の西野《にしの》で火葬され、円教寺に安置されたのち、仁和寺山に埋葬されている。

河内祥輔は摂関家の役割は皇統の分裂を回避することであったとし、頼通《よりみち》が後三条の即位を阻止しようとしたのも、後冷泉系と後三条系の分裂を避けるためであったという。しかし、外戚《がいせき》策の目的は、自分の息女と天皇とを婚姻させ、産まれた皇子を即位させることにほかならない。当然、自分の影響力を最大限に発揮できる外孫兄弟をつぎつぎに即位させようとし、皇統分裂の危険が生ずる。河内の主張とは反対に、摂関家の外戚策こそが皇統の分裂を誘発するのである。

なぜ後冷泉への譲位と同時に行われた後三条の立太子に頼通が難色を示したかは、母が自分の姉妹である後冷泉のほうが、祖母が姉妹である後三条よりも血縁関係が近く、後冷泉系に皇位を継承させたほうが政治的に有利であったためである。後三条には、みてきたように、三条皇女である陽明門院《ようめいもんいん》を母とする「冷泉皇統」につながるという意識とともに、円融・一条・後一条・後朱雀・後冷泉とつながる「円融皇統」の正統な継承者であろうという意識があった。だが、かつて道長と三条天皇との対立を一因として、「円融皇統」と「冷泉皇統」に分裂、小一条院の排除という事態を招いた。後三条は摂関家をおさえることによって、むしろ「冷泉皇統」を「円融皇統」に合流させたのである(九ページ系図参照)。

⑥—後三条親政と院政

院政開始の意図

後三条天皇には、権中納言《ごんちゅうなごん》藤原公成《ふじわらのきんなり》の女《むすめ》茂子《もし》とのあいだに、貞仁親王《さだひとしんのう》がいた。貞仁の母は、東宮《とうぐう》時代の後三条を支えた権大納言《だいなごん》藤原能信《よしのぶ》の養女として、東宮妃となった。そして、貞仁以外に聡子《そうし》・俊子《しゅんし》・佳子《けいし》・篤子《とくし》という四人の内《ない》親王《しんのう》をもうけたが、一〇六二(康平《こうへい》五)年、夫の即位をみぬままに、世を去っていた。後三条の即位とともに、貞仁は東宮となった。

一〇七一(延久《えんきゅう》三)年、源《みなもとの》基子《きし》とのあいだに二宮《にのみや》が生まれた。この皇子は、親王宣下《せんげ》をくだされて、実仁《さねひと》と命名される。この時、貞仁は一九歳であったから、親子のような年齢差の異母弟が生まれたことになる。基子の父は参議《さんぎ》源基《もと》平《ひら》▲であり、基子は聡子内親王の女房となったあと、後三条の寵愛を受けたのである。

意欲的な親政《しんせい》を進めてきた後三条は、翌一〇七二(延久四)年十二月八日、貞仁に譲位する。在位はわずか四年九カ月であった。まだ三九歳の壮年天皇が譲

▼**源基平** 一〇二六〜六四年。小一条院敦明《こいちじょういんあつあきら》親王の王子。母は藤原頼宗《よりむね》の女。最高位は参議従二位《じゅにい》。女の基子は、後三条天皇の皇女聡子内親王に仕え、天皇の寵愛を受けて、実仁・輔仁親王を生む。

位したため、古くから院政《いんせい》開始の意図があったと解釈されてきた。

さかのぼれば、すでに鎌倉時代、慈円《じえん》の『愚管抄《ぐかんしょう》』に、久しく続いてきた摂関《せっかん》政治に反対して、親政を行った後三条が、その実をあげるために、退位後も治世の計画を有したとある。このような、後三条の譲位に、院政開始の意図を認める考え方は、北畠親房《きたばたけちかふさ》の『神皇正統記《じんのうしょうとうき》』▲や新井白石《あらいはくせき》の『読史余論《とくしよろん》』▲などの前近代の歴史書に継承された。

明治以降の歴史学においては、譲位後ただちに院庁《いんのちょう》▲が設置され、公卿《くぎょう》五人を含む七人の別当《べっとう》、主典代《さかんだい》、公文《くもん》などの院司《いんし》が任命され、院蔵人所《いんのくろうどどころ》などもおかれたことが明らかにされた。後三条は譲位後、院庁で政務をとった、つまり院政を行ったというわけである。近代歴史学が『愚管抄』以来の院政開始意図を、裏づけたかたちとなった。

後三条「聖帝」観と皇国史観

天皇親政を押し進めた後三条天皇の政治は、古来高く評価されてきた。とくに、延久の荘園《しょうえん》整理令は律令制《りつりょうせい》の公地公民《こうちこうみん》制を回復する政策と考えられてい

▼**『神皇正統記』**　北畠親房著の歴史書。神代《じんだい》から後村上《ごむらかみ》天皇までの天皇の事績と歴史の推移を述べ、南朝《なんちょう》の正統性を強調する。一三三九(暦応《りゃくおう》二・延元《えんげん》四)年常陸《ひたち》の小田《おだ》城で執筆し、四三(康永《こうえい》二・興国《こうこく》四)年関《せき》城で修訂した。

▼**『読史余論』**　江戸前期、新井白石著の史論。一七一二(正徳《しょうとく》二)年将軍徳川家宣《とくがわいえのぶ》に行った日本史の講義案でもある。平安前期から織《しょく》豊《ほう》期までを一四段階に分け、武家政治の発展を中心に論じたもの。一八四〇(天保《てんぽう》十一)年に刊行された。

▼**院庁**　太上《だいじょう》天皇または女院《にょいん》に付属する院の家政機関。別当以下の院司がその職員である。宇多《うだ》上皇の院中に「院庁雑色《ぞうしき》」(『西宮記《さいきゅうき》』)とあるのが早い例である。その主要な機構は円融上皇の頃までに成立した。院政開始以後、政務をとる上皇の院庁はとくに拡充強化された。さらに後白河院政以降

たし、宣旨枡《せんじます》制定も地域によって異なった租税の収取方式を全国的に統一する英断とされた。「復古《ふっこ》」とは長く最高の善政と考えられてきた。天皇による中央集権は、まさに古代律令制への輝かしき復古政策とされたのだから、後三条天皇の「新政」としての評価も、むしろ「復古」にこそあったと考えられてきたのである。

とくに、武家《ぶけ》政権が終焉し、天皇中心の中央集権国家、明治の「王政復古」ということも関係して、後醍醐《ごだいご》▲とともに後三条天皇の親政は賞賛された。一方で、その前後の摂関政治も、院政も、武家政治も、望ましくない変則的な政治制度とみなされた。こうした一般社会に根強く広がった政治思想が、昭和に入った一九三〇年代に、学界でもさらに強く前面に押し出されることになった。こうして、後三条天皇は、後醍醐とともに、二大「聖帝」の一人とみなされるようになったのである。

そうなると、摂関政治という変則的な政治制度を排除した後三条「聖帝」が、ゆがんだ院政という政治制度をみずから生み出すはずはないということになる。すなわち、後三条の譲位と院政開始の意図を結びつけることに、否定的な見解

は国政運営の一端を担うにいたったという説もある。

▼**後醍醐天皇**　一二八八～一三三九年。在位一三一八～三九年。後宇多《ごうだ》天皇の第二皇子。母藤原忠《ただ》継《つぐ》の女忠子《ちゅうし》。正中《しょうちゅう》の変《へん》(一三二四年)、元弘《げんこう》の変(一三三一年)など、倒幕計画が発覚して隠岐《おき》に配流《はいる》される。一三三三(正慶《しょうきょう》二)年鎌倉幕府は滅亡し、帰京後、公家一統の治世を実現。だが、一三三六(建武《けんむ》三)年、足利尊氏《あしかがたかうじ》の離反により政権は崩壊し、吉野《よしの》へ遷って南朝を樹立した。

が華々しく登場してくる。その典型が、皇国史観《こうこくしかん》▲の旗手、平泉澄の説であろう。平泉は、後三条の譲位は死を予想した病気によるもので、そこに院政開始の意図や目的はまったくないと断言した。

親政・院政同質観

和田英松は、実証主義の立場から、後三条に院政を始める意志はなかったとした。譲位の理由は、一に在位中の災害異変、二に病気、三に藤原氏出身の女子が後宮《こうきゅう》にある白河《しらかわ》天皇の子孫の即位を望まず、白河の弟実仁《さねひと》の即位を急ぐため東宮としておく、という三点を指摘する。そして、後三条上皇《じょうこう》の院庁は以前の円融上皇などと同じようなもので、院政には関係ないとした。吉村茂樹も、和田の指摘した災害異変は突出しておらず、病気も亡くなる年の三月半ば以降として、一、二の点は否定しつつも、院政意図なしという見解は支持した。

実際に『扶桑略記《ふそうりゃっき》』の記事によると、譲位した一〇七二(延久四)年の冬以降「心神違例」であったとはいうが、翌二月二十日には母陽明門院《ようめいもんいん》、娘聡子とともに関白教通《かんぱくのりみち》まで従えて、住吉社《すみよししゃ》へ出発し、途中四天王寺《してんのうじ》や石清水八幡宮《いわしみずはちまんぐう》によっ

▼**皇国史観**　日本の歴史を「国《こく》体《たい》」の顕現・発展としてとらえる歴史観で、一九三〇年代半ばから敗戦にいたる時期に確立した。この時期、皇国史観は国家権力・軍部の庇護を受けて、学問・研究の分野においても独占的地位を占めた。文部省発行の『国体の本義』や『臣民《しんみん》の道』は、この極点に達した皇国史観の結晶であった。こうしてこの史観は大東亜《だいとうあ》共栄圏の建設の名のもとに、国民を大規模な侵略戦争に駆り立てるうえで大きな役割を果たした。

ている。京都に戻ったのは二十七日である。とうてい病で臥せっていたとは思えない。発病は帰京後の三月以降であろうし、四月二十一日に重篤な病状のもと出家しているので、病は急に進んだのであろう。こうして、後三条譲位の意図は実仁即位を早めることにあり、院政を行うことではなかったということで、議論はおおよそ決着を迎えた。

戦後、少なくとも日本史の学界では、皇国史観は消滅した。戦後歴史学の旗手に躍り出た石母田正は、院政とは、のちに武家政権をつくることになる在地領主の台頭に危機感をもった古代国家が、デスポティズムつまり専制的な政治形態をとったものとした。古代末期の天皇制の形態である。さらに、その影響を強く受けた石井進は、院政の前提としての後三条親政を精緻に位置づけた。戦前までの院政か親政かの議論よりも、「院政時代」の親政と院政に、同質性をみる議論に進んだといえよう。

後三条院政か白河親政か

だが、院政を創始したとされる白河でさえも、一〇八六(応徳《おうとく》三)年の譲位の時点で、院政を確立できたわけではない。その前年に東宮実仁が夭折した。当時、実仁のあとにはその同母弟、輔仁《すけひと》を即位させることが後三条の遺志であると伝えられていた。後三条が白河の子孫への皇位継承を望まなかったのは、白河の中宮《ちゅうぐう》が摂関家嫡子師実《もろざね》の養女賢子《けんし》であったからとされている。

白河には、賢子とのあいだに一〇七九(承暦《じょうりゃく》三)年待望の皇子が生まれていた。白河の賢子に対する寵愛は深く、この皇子をなんとしても即位させようとした。白河は実仁死後、輔仁の立坊《りつぼう》を阻止し、一〇八六年にこの皇子を東宮として、即日譲位を敢行する。それは父後三条の遺志への反抗であった。逆にいえば、死してなお、皇位継承に関する後三条の力は生き続けていたことになる。私はそれが後三条の母で、一〇九四(嘉保《かほう》元)年まで生きた陽明門院の口から発せられ続けたと推定している。

その後しばらくは白河上皇と摂政《せっしょう》師実との関係は良好であり、摂関家をおさえようとした後三条とは大きく異なっている。しかし、一〇九四年師実のあとを継いで関白となった師通《もろみち》は、上皇の政治介入を排除しようとした。上皇が本気で専権を確立しようとしたのは、師通が急死した一〇九九(康和《こうわ》元)年以降のことである。そこに立ちはだかったのが、成人したわが子堀河《ほりかわ》天皇であった。白河の専権が確立できたのは、この堀河が夭折した一一〇七(嘉承《かじょう》二)年以降と考えられる。私は一〇八六年を白河院政成立、一一〇七年を白河院政確立とみるのである。

この見方を認めていただくとすれば、後三条が白河へ譲位して、死ぬまでの五カ月を、白河の譲位後の五カ月と比較しなければならないことになる。白河譲位後を白河院政というならば、後三条譲位後の五カ月も後三条院政といわねばならない。河内祥輔や保立道久は、譲位の目的として皇位継承権の掌握を重視する。院政とは皇位継承権の掌握がすべてであったとする河内や保立に全面的には従うことはできないが、その側面の重要性は否定できない。後三条は皇位継承権を握り続けていた。

ただし、堀河天皇が即位した時、八歳の幼帝であったのに対し、白河天皇は即位時すでに二〇歳となっていた。堀河天皇には藤原師実が摂政となり、白河天皇には後三条から継続して藤原教通が関白となった。教通は天皇との外戚《がいせき》関係はなく、政治的な影響力は限定された。となると、摂関に対しては、白河の政治的主導権が確保される面が強い。摂関に天皇を掣肘する力はもはやなかった。問題は後三条上皇と白河天皇との父子の権力関係である。

白河院政での白河上皇と堀河・鳥羽《とば》天皇、後白河《ごしらかわ》院政での後白河上皇と二《に》条《じょう》天皇、など、父上皇と子の天皇との対立が、以後しばしばみられる。後三条の譲位から死までの半年あまりの時期、両者の対立を示す史料はない。しかし、後三条やその遺志を伝えたと推定される母陽明門院が、実仁・輔仁などの白河よりはるかに年少の異母弟即位にこだわったのは、白河天皇の政治的主導権を排除しようとする意図があったことを想定させる。その意味からすれば、このように、院政か親政かを断定するには、実際には微妙な時代に入ったのである。

摂関政治の幕を引いた君主

後三条が譲位して、亡くなるまでの約五カ月を語ってくれる信憑性の高い史料は数少ない。その一つ『扶桑略記《ふそうりゃっき》』によれば、譲位した一〇七二(延久《えんきゅう》四)年十二月前半には、体調が優れなかったことは確かのようである。ただし、翌年の二月二十日には母陽明門院《ようめいもんいん》、娘の聡子内親王《そうしないしんのう》、関白教通《かんぱくのりみち》とともに、住吉社《すみよししゃ》に参詣し、途次、四天王寺《してんのうじ》や石清水八幡宮《いわしみずはちまんぐう》にもよっている。帰京は二十七日とあるから、けっして病の床にあったわけではない。症状が重くなったのは、三月十八日頃からであった。四月になると、病状は進み、回復の見込みがないと判断したのか、二十一日に出家をとげた。ついに帰らぬ人となったのは、五月七日のことであった。享年四〇歳。なお、東宮《とうぐう》時代以来、後三条と対立してきた頼通《よりみち》も、一〇七四（承保《じょうほう》元）年に亡くなった。こちらはすでに八三歳になっていた。

後三条の遺骸は神楽岡《かぐらおか》の南原で荼毘《だび》に付され、遺骨はしばらく円宗寺《えんしゅうじ》堂塔に安置された。その後、円宗寺の北門から一町余り離れた墳墓に葬られた。その地は円融《えんゆう》天皇によって開かれた円融院（寺）という墓寺が管理する山陵の地であった。円融・一条《いちじょう》・後朱雀《ごすざく》・後冷泉《ごれいぜい》といった天皇とともに、後三条もそこに眠ったのである。それはみずからを円融皇統の正統な継承者とする後三条の遺志でもあった。

後三条政権の評価としては、石井進のものがもっとも整合性がある。すなわち、荘園《しょうえん》整理令の強行、諸荘園本所《ほんじょ》のさらに上位に立つ後三条政権の位置付け、その高権の表現としての一国平均役《いっこくへいきんやく》の徴収、その際の計量の基準としての公定《こうてい》枡《ます》の制定、という施策の一貫性である。

加えるならば、記録所《きろくじょ》の設置は太政官《だいじょうかん》や陣定《じんのさだめ》などの裁判機能の充実につながったし、延久合戦の結果は京武者《きょうむしゃ》における河内源氏《かわちげんじ》の優位をもたらした。荘園整理政策は、むしろ荘園存続・停廃を左右する王家への荘園集積を生み出した。天皇の内廷《ないてい》経済の限界は、王家の荘園集積によって、その家長《かちょう》、つまり院の政治力・経済力を格段に上昇させた。それらは、いずれも院政《いんせい》期に直線的に進行したわけではないが、後三条政権における天皇への権力集中を前提として、発展、展開していったことは明白である。後三条政権はそれまでの政治に区切りをつけ、新しい時代の基礎を築いた。

そして、後三条天皇以降、摂政《せっしょう》・関白が外戚《がいせき》となることはまれになり、一時的に摂関《せっかん》が政治を主導することがあっても、それが長続きすることはほぼなくなった。後三条政権の政策がそうした政治形態に大きな影響をあたえたことはまちがいない。藤原氏《ふじわらし》、摂関家を外戚としない天皇として、後三条が即位した意味は大きかった。その意味で、後三条天皇は摂関政治の幕を引き、中世の基礎を築いた君主であったといえるのである。

写真所蔵・提供者一覧（敬称略，五十音順）

和泉市久保惣記念美術館　p. 46
石清水八幡宮　p. 63
円成寺・飛鳥園　p. 68
京都府立総合資料館東寺百合文書WEB　p. 51上
宮内庁京都事務所　p. 11
宮内庁正倉院事務所　p. 4 下，35下
宮内庁書陵部　扉，p. 60
国立歴史民俗博物館　p. 51下，58上・下
田中重・中央公論新社　カバー表
東大寺図書館　p. 4 上，35上
公益財団法人 冷泉家時雨亭文庫　カバー裏

参考文献

石井進「院政時代」『講座日本史2　封建社会の成立』東京大学出版会, 1970年
石井進「後三条天皇の登場」『日本歴史大系1　原始・古代』山川出版社, 1984年
上島享『日本中世社会の形成と王権』名古屋大学出版会, 2010年
上原真人「院政期平安宮—瓦からみた—」高橋昌明編『院政期の内裏・大内裏と院御所』文理閣, 2006年
遠藤巌「延久元～2年の蝦夷合戦について」『宮城歴史科学研究』45, 1998年
小口雅史「延久蝦夷合戦をめぐる覚書」中野栄夫編『日本中世の政治と社会』吉川弘文館, 2003年
小口雅史「延久蝦夷合戦再論——応徳本系『御堂御記抄』諸本の検討を中心に」義江彰夫編『古代中世の史料と文学』吉川弘文館, 2005年
上川通夫『日本中世仏教形成史論』校倉書房, 2007年
黒羽亮太「〈円成寺陵〉の歴史的位置」『史林』96－2, 2013年
黒羽亮太「円融寺と浄妙寺—摂関期のふたつの墓寺—」『日本史研究』633, 2015年
河内祥輔『日本中世の朝廷・幕府体制』吉川弘文館, 2007年
坂本賞三『荘園制成立と王朝国家』塙書房, 1985年
下向井龍彦「王朝国家体制下における権門間相論手続について」『史学研究』148, 1980年
杉山信三『院家建築の研究』吉川弘文館, 1981年
平雅行『日本中世の社会と仏教』塙書房, 1992年
詫間直樹編『皇居行幸年表』続群書類従完成会, 1997年
竹内理三『律令制と貴族政権』第Ⅱ部, お茶の水書房, 1958年
棚橋光男『中世成立期の法と国家』塙書房, 1983年
土田直鎮『日本の歴史5　王朝の貴族』中央公論社, 1973年
野口実『中世東国武士団の研究』高科書店, 1994年
野口実『日本史リブレット人22　源義家——天下第一の武勇の士』山川出版社, 2012年
橋本義彦『平安貴族社会の研究』吉川弘文館, 1976年
橋本義彦『平安貴族』平凡社, 1986年
樋口知志『前九年・後三年合戦と奥州藤原氏』高志書院, 2011年
平泉澄『建武中興』建武中興六百年記念会, 1934年
平岡定海『日本寺院史の研究』吉川弘文館, 1981年
藤本孝一『中世史料学叢論』思文閣出版, 2009年
保立道久『平安王朝』(岩波新書)岩波書店, 1996年
三浦周行『続法制史の研究』岩波書店, 1925年
美川圭『院政の研究』臨川書店, 1996年
元木泰雄『院政期政治史研究』思文閣出版, 1996年
元木泰雄「藤原頼通」『古代の人物6　王朝の変容と武者』清文堂出版, 2005年
元木泰雄『河内源氏——頼朝を生んだ武士本流』(中公新書)中央公論新社, 2011年
吉村茂樹『院政』至文堂, 1958年
和田英松「院政に就いて」『国史学』61, 1955年

			10-20 京都大地震。*12-26* 円明寺(円宗寺)に行幸し供養
1071	延久 3	38	*2-2* 大雲寺僧成尋，入宋のため京都を出発。*3-5* 新造内裏上棟。*6-2* 円明寺を円宗寺と改める。*10-8* 新造内裏へ遷御。*10-29* はじめて日吉社へ行幸
1072	4	39	*1-29* 藤原頼通出家。*3-26* はじめて伏見稲荷・祇園社に行幸。*4-3* 大極殿再建なる。*8-10* 估価法制定。*9-5* 記録所調査により，石清水八幡宮の荘園を定める。*9-29* 延久宣旨枡制定。*10-25* 円宗寺に行幸し法華・最勝会。*12-8* 貞仁親王(白河天皇)に譲位。*12-29* 白河天皇大極殿で即位
1073	5	40	*1-23* 院蔵人所設置。*2-20* 陽明門院とともに住吉社・石清水八幡宮・四天王寺に御幸。*4-21* 出家。*5-7* 大炊御門殿で崩御。*5-17* 神楽岡南原で火葬
1074	承保元		*2-2* 藤原頼通死去
1075	2		閏*4-23* 承保の荘園整理令。*7-11* 法勝寺木作始，ついで金堂・講堂上棟。*9-25* 関白藤原教通死去。*10-15* 藤原師実を関白とする

後三条天皇とその時代

西暦	年号	齢	お も な 事 項
1034	長元 7	1	*7-18* 東宮敦良親王(後朱雀天皇)第 2 王子として生まれる。母禎子内親王(陽明門院)
1035	8	2	*5-16* 関白藤原頼通が高陽院水閣歌合を催す
1036	9	3	*4-17* 父後朱雀天皇践祚。親王宣下。*7-10* 後朱雀天皇大極殿で即位
1039	長暦 3	6	*6-27* 内裏焼亡
1040	長久元	7	*6-8* 長久の荘園整理令
1041	2	8	*12-19* 後朱雀天皇新造内裏へ遷御
1042	3	9	*12-8* 内裏焼亡
1045	寛徳 2	12	*1-16* 兄後冷泉天皇践祚とともに皇太弟となる。*4-8* 後冷泉天皇大極殿で即位。*10-21* 寛徳の荘園整理令
1046	永承元	13	*10-8* 後冷泉天皇新造内裏へ遷御。*12-19* 元服
1051	6	18	*1-8* 前皇太子入道敦明親王(小一条院)死去。この年安倍頼良(頼時)が反乱，前九年合戦始まる
1052	7	19	*3-28* 藤原頼通が宇治別業を平等院とする
1053	天喜元	20	*3-4* 藤原頼通が，平等院阿弥陀堂を供養
1055	3	22	*3-13* 天喜の荘園整理令。*10-25* 後朱雀天皇御願の円乗寺供養
1056	4	23	*8-3* 前陸奥守源頼義に安倍頼時追討を命ずる(前九年合戦始まる)
1057	5	24	*7-26* 源頼義，安倍頼時を討つ。*11-* 源頼義，黄海の戦で安倍貞任に敗れる
1058	康平元	25	*2-23* 法成寺焼亡。*2-26* 大内裏焼亡。*10-27* 法成寺上棟
1059	2	26	*10-12* 藤原頼通，法成寺阿弥陀堂・五大堂を供養
1060	3	27	*5-4* 興福寺焼亡
1062	5	29	*6-22* 皇太弟妃藤原茂子死去。*7-26* 清原武則が陸奥へ向かう。*9-17* 安倍貞任敗死(前九年合戦終る)
1063	6	30	*2-27* 安倍貞任追討の功により，源頼義を伊予守，義家を出羽守，清原武則を鎮守府将軍とする
1064	7	31	*3-29* 安倍宗任らを伊予国へ配流
1065	治暦元	32	*2-25* 興福寺再建供養。*9-1* 治暦の荘園整理令。*10-18* 法成寺金堂・薬師堂・観音堂再建供養
1066	2	33	*5-1* 宋商王満が霊薬など献上
1067	3	34	*12-5* 関白藤原頼通辞任
1068	4	35	*4-19* 後冷泉天皇死去により践祚。関白は藤原教通。*7-21* 太政官庁で即位。*10-10* 大極殿上棟
1069	延久元	36	*2-22*，*3-23* 延久の荘園整理令。*4-28* 貞仁立太子。閏*10-11* 記録荘園券契所設置
1070	2	37	*3-11* 新造内裏事始。*7-8* 土佐国金剛頂寺が寺領押領を訴える。*8-1* 源義家が陸奥国在庁官人藤原基通捕縛を報告。

美川 圭(みかわ　けい)
1957年生まれ
京都大学大学院文学研究科博士後期課程研究指導認定退学
京都大学博士(文学)
専攻，日本中世史
現在，立命館大学文学部教授
主要著書
『院政の研究』(臨川書店1996)
『白河法皇―中世をひらいた帝王―』
(角川学芸出版2013，NHK出版2003の文庫化)
『後白河天皇―日本第一の大天狗―』(ミネルヴァ書房2015)
『公卿会議―論戦する宮廷貴族たち―』(中央公論新社2018)
『院政―もうひとつの天皇制―　増補版』(中央公論新社2021)

日本史リブレット人 021
後三条天皇《ごさんじょうてんのう》
中世の基礎を築いた君主

2016年９月25日　１版１刷　発行
2021年９月５日　１版２刷　発行

著者：美川《みかわ》 圭《けい》

発行者：野澤武史

発行所：株式会社 山川出版社

〒101－0047　東京都千代田区内神田１－13－13
電話　03(3293)8131(営業)
　　　03(3293)8135(編集)
https://www.yamakawa.co.jp/
振替　00120-9-43993

印刷所：明和印刷株式会社

製本所：株式会社 ブロケード

装幀：菊地信義

Printed in Japan ISBN 978-4-634-54821-3

日本史リブレット 人

1 卑弥呼と台与 ― 仁藤敦史
2 倭の五王 ― 森 公章
3 蘇我大臣家 ― 佐藤長門
4 聖徳太子 ― 大平 聡
5 天智天皇 ― 須原祥二
6 天武天皇と持統天皇 ― 義江明子
7 聖武天皇 ― 寺崎保広
8 行基 ― 鈴木景二
9 藤原不比等 ― 坂上康俊
10 大伴家持 ― 鐘江宏之
11 桓武天皇 ― 西本昌弘
12 空海 ― 曾根正人
13 円仁と円珍 ― 平野卓治
14 菅原道真 ― 大隅清陽
15 藤原良房 ― 今 正秀
16 宇多天皇と醍醐天皇 ― 川尻秋生
17 平将門と藤原純友 ― 下向井龍彦
18 源信と空也 ― 新川登亀男
19 藤原道長 ― 大津 透
20 清少納言と紫式部 ― 丸山裕美子
21 後三条天皇 ― 美川 圭
22 源義家 ― 野口 実
23 奥州藤原三代 ― 斉藤利男
24 後白河上皇 ― 遠藤基郎
25 平清盛 ― 上杉和彦
26 源頼朝 ― 高橋典幸
27 重源と栄西 ― 久野修義
28 法然 ― 平 雅行
29 北条時政と北条政子 ― 関 幸彦
30 藤原定家 ― 五味文彦
31 後鳥羽上皇 ― 杉橋隆夫
32 北条泰時 ― 三田武繁
33 日蓮と一遍 ― 佐々木馨
34 北条時宗と安達泰盛 ― 福島金治
35 北条高時と金沢貞顕 ― 永井 晋
36 足利尊氏と足利直義 ― 山家浩樹
37 後醍醐天皇 ― 本郷和人
38 北畠親房と今川了俊 ― 近藤成一
39 足利義満 ― 伊藤喜良
40 足利義政と日野富子 ― 田端泰子
41 蓮如 ― 神田千里
42 北条早雲 ― 池上裕子
43 武田信玄と毛利元就 ― 鴨川達夫
44 フランシスコ＝ザビエル ― 浅見雅一
45 織田信長 ― 藤田達生
46 徳川家康 ― 藤井譲治
47 後水尾院と東福門院 ― 山口和夫
48 徳川光圀 ― 鈴木暎一
49 徳川綱吉 ― 福田千鶴
50 渋川春海 ― 林 淳
51 徳川吉宗 ― 大石 学
52 田沼意次 ― 深谷克己
53 遠山景元 ― 藤田 覚
54 酒井抱一 ― 玉蟲敏子
55 葛飾北斎 ― 大久保純一
56 塙保己一 ― 高埜利彦
57 伊能忠敬 ― 星埜由尚
58 近藤重蔵と近藤富蔵 ― 谷本晃久
59 二宮尊徳 ― 舟橋明宏
60 平田篤胤と佐藤信淵 ― 小野 将
61 大原幽学と飯岡助五郎 ― 高橋 敏
62 ケンペルとシーボルト ― 松井洋子
63 小林一茶 ― 青木美智男
64 鶴屋南北 ― 諏訪春雄
65 中山みき ― 小澤 浩
66 勝小吉と勝海舟 ― 大口勇次郎
67 坂本龍馬 ― 井上 勲
68 土方歳三と榎本武揚 ― 宮地正人
69 徳川慶喜 ― 松尾正人
70 木戸孝允 ― 一坂太郎
71 西郷隆盛 ― 徳永和喜
72 大久保利通 ― 佐々木克
73 明治天皇と昭憲皇太后 ― 佐々木隆
74 岩倉具視 ― 坂本一登
75 後藤象二郎 ― 村瀬信一
76 福澤諭吉と大隈重信 ― 池田勇太
77 伊藤博文と山県有朋 ― 西川 誠
78 井上馨 ― 神山恒雄
79 河野広中と田中正造 ― 田崎公司
80 尚泰 ― 川畑 恵
81 森有礼と内村鑑三 ― 狐塚裕子
82 重野安繹と久米邦武 ― 松沢裕作
83 徳富蘇峰 ― 中野目徹
84 岡倉天心と大川周明 ― 塩出浩之
85 渋沢栄一 ― 井上 潤
86 三野村利左衛門と益田孝 ― 森田貴子
87 ボアソナード ― 池田眞朗
88 島地黙雷 ― 山口輝臣
89 児玉源太郎 ― 大澤博明
90 西園寺公望 ― 永井 和
91 桂太郎と森鷗外 ― 荒木康彦
92 高峰譲吉と豊田佐吉 ― 鈴木 淳
93 平塚らいてう ― 差波亜紀子
94 原敬 ― 季武嘉也
95 美濃部達吉と吉野作造 ― 古川江里子
96 斎藤実 ― 小林和幸
97 田中義一 ― 加藤陽子
98 松岡洋右 ― 田浦雅徳
99 溥儀 ― 塚瀬 進
100 東条英機 ― 古川隆久

〈白ヌキ数字は既刊〉